Paesaggi
da colorare

✳

53 Illustrazioni

Natura, Campagna, Città, Mare, Flora e Fauna da colorare

Se utilizzi dei pennarelli per colorare, è consigliato posizionare
uno o più fogli di carta dietro la pagina che stai per colorare,
per evitare che il colore macchi il disegno successivo.

✳

Per ridurre questo effetto,
abbiamo lasciato il retro di ogni pagina vuoto e completamente nero.

Artemisia Coloring Books

"Il colore soprattutto, forse ancor più del disegno, è una liberazione."

Henri Matisse

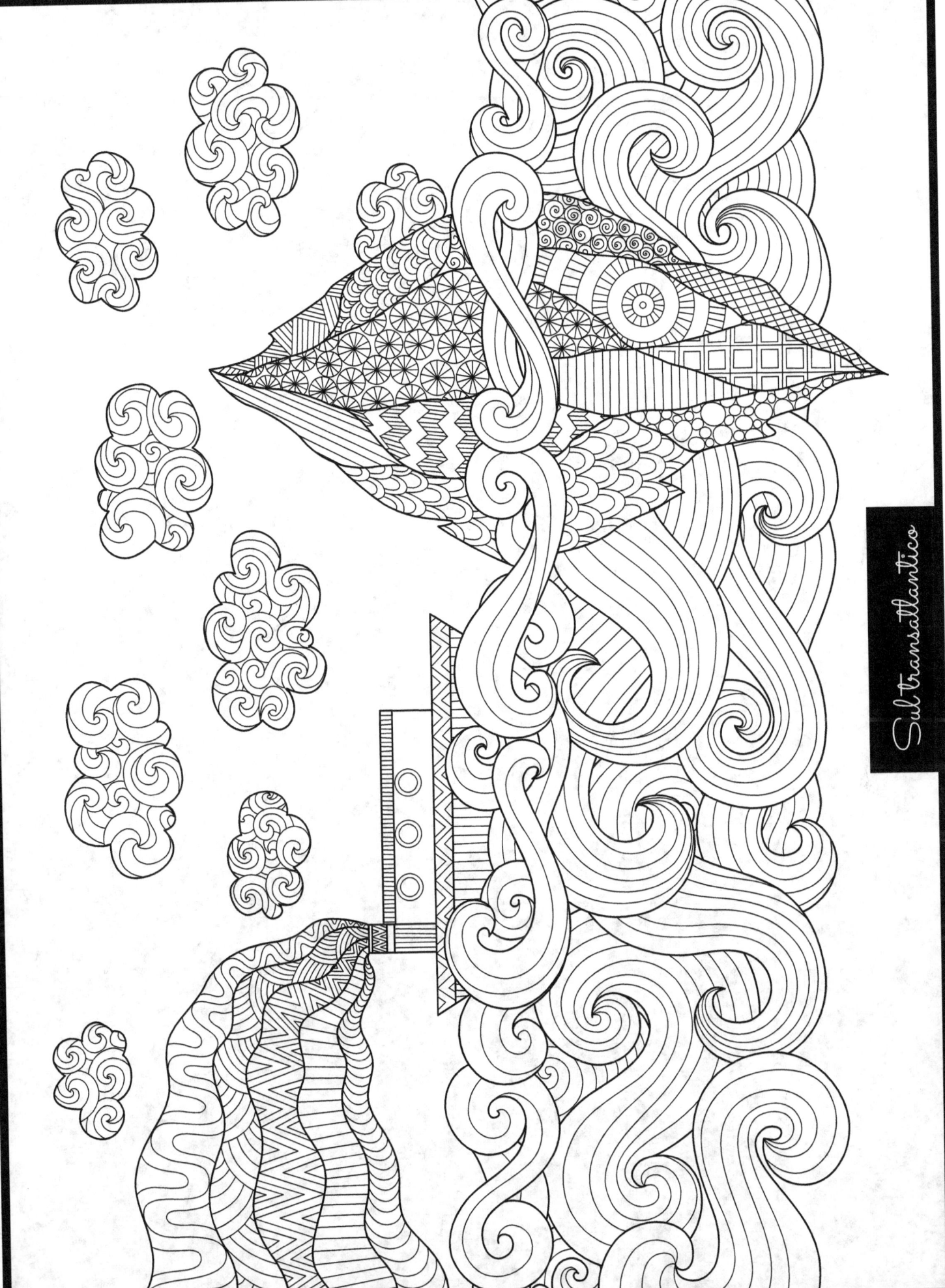

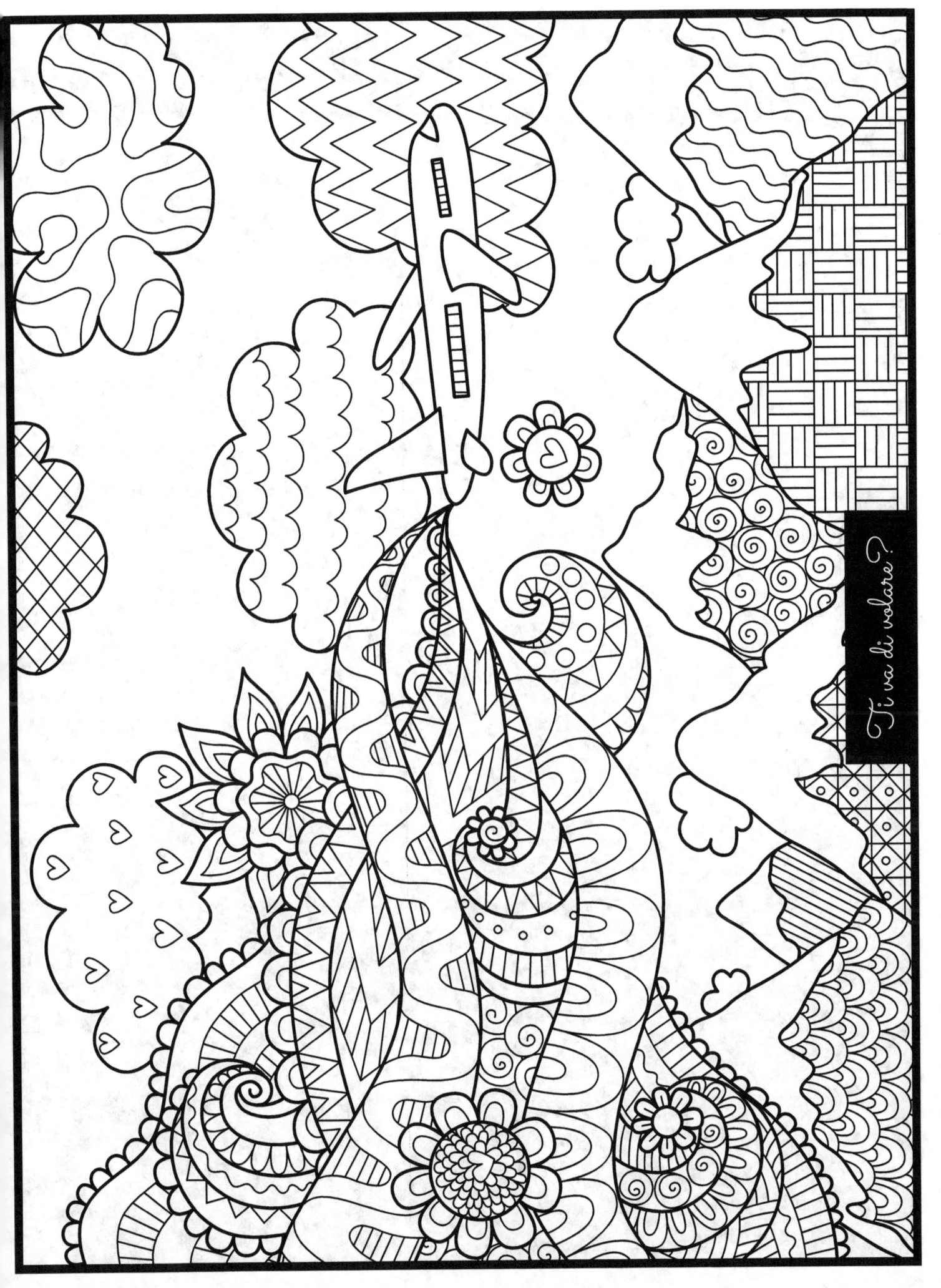

2

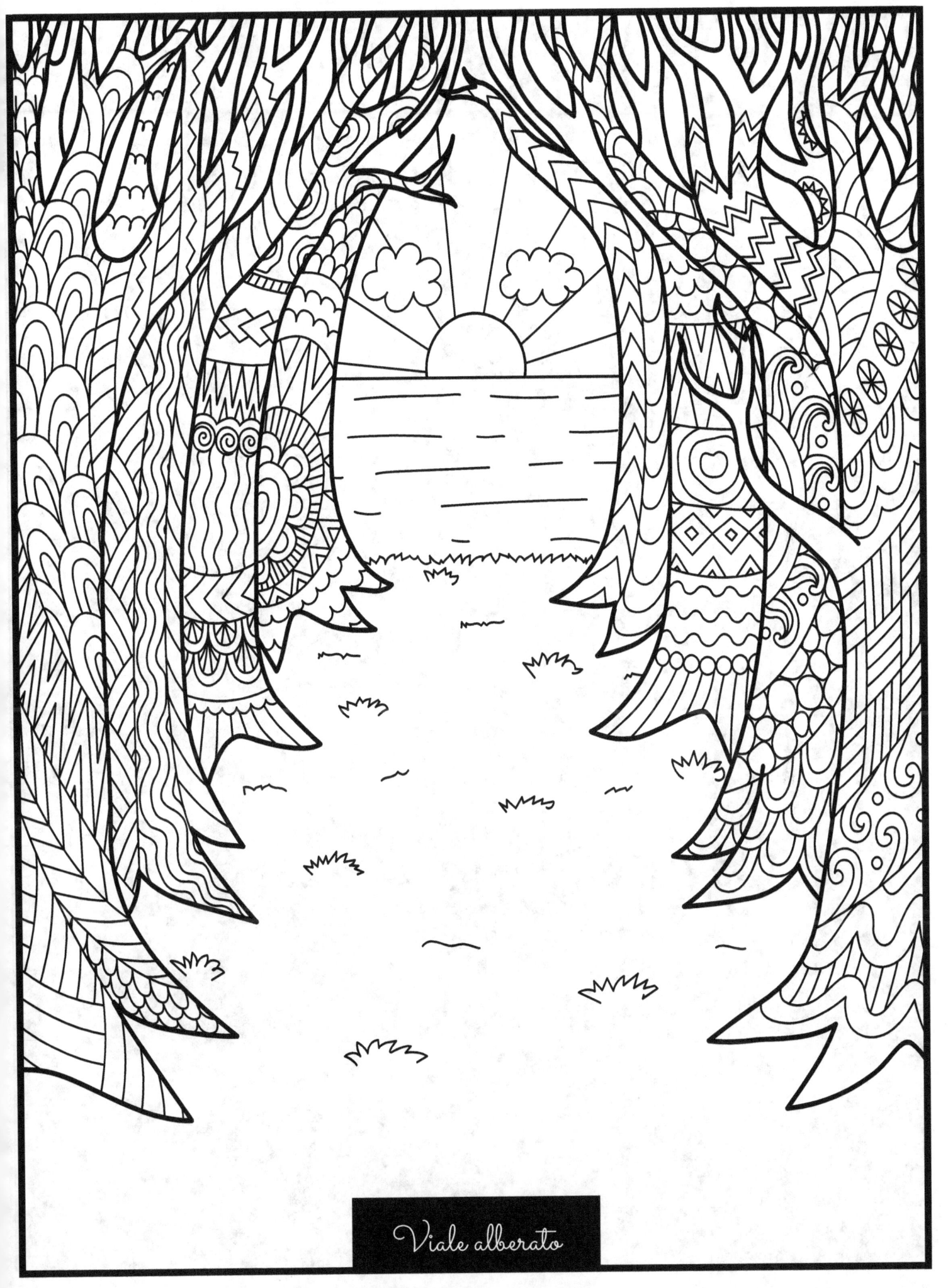

3

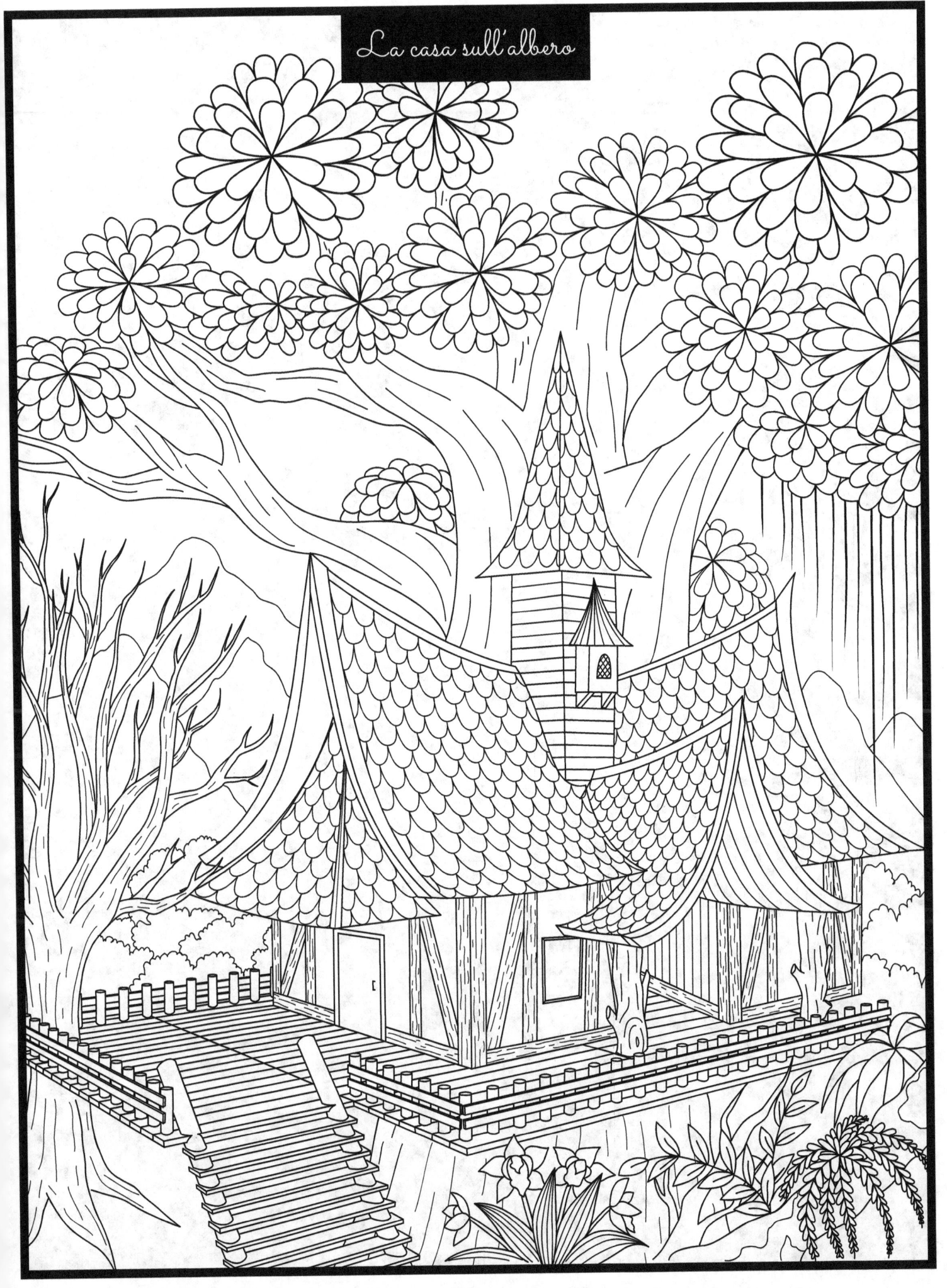

4

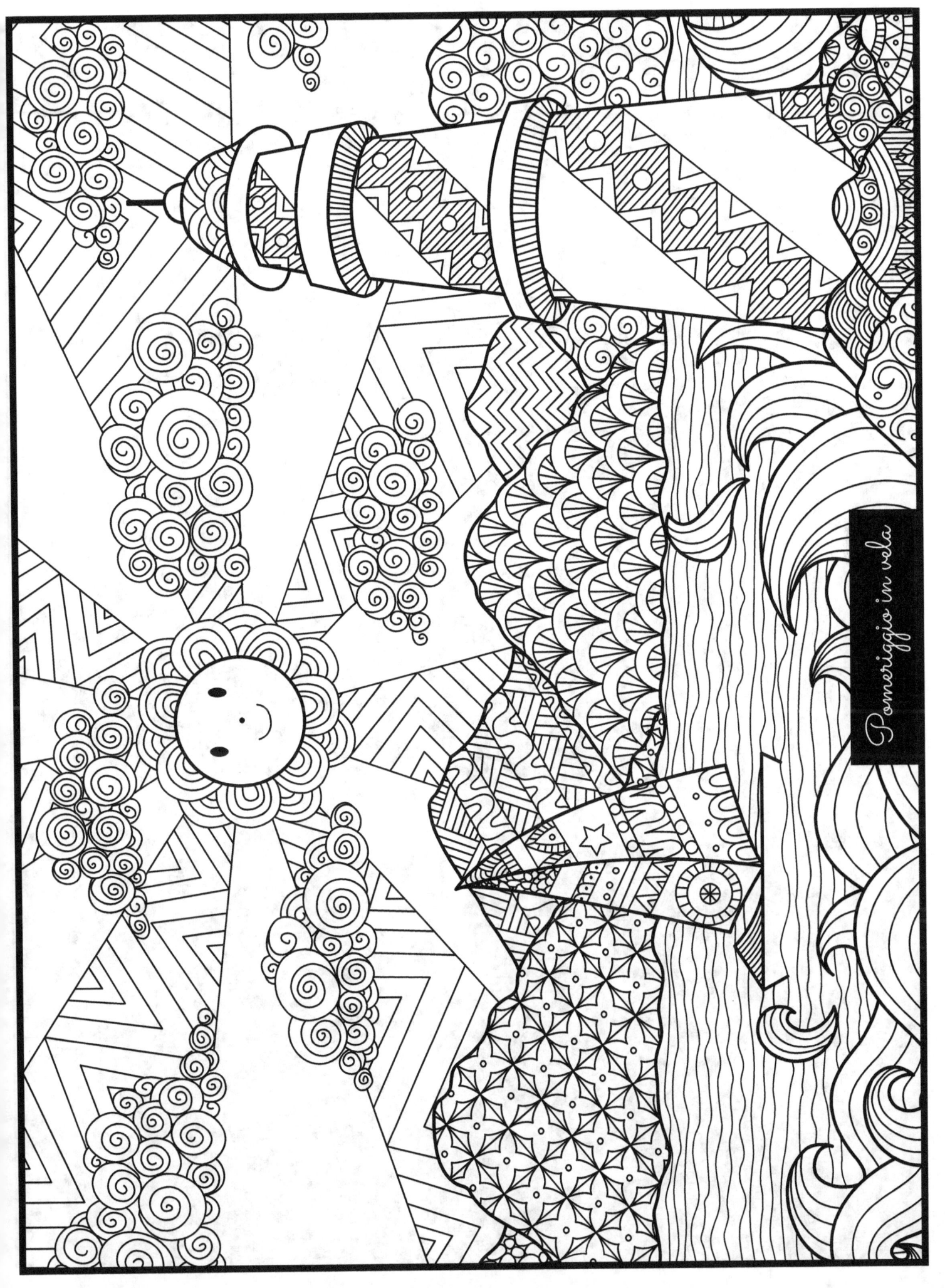

5

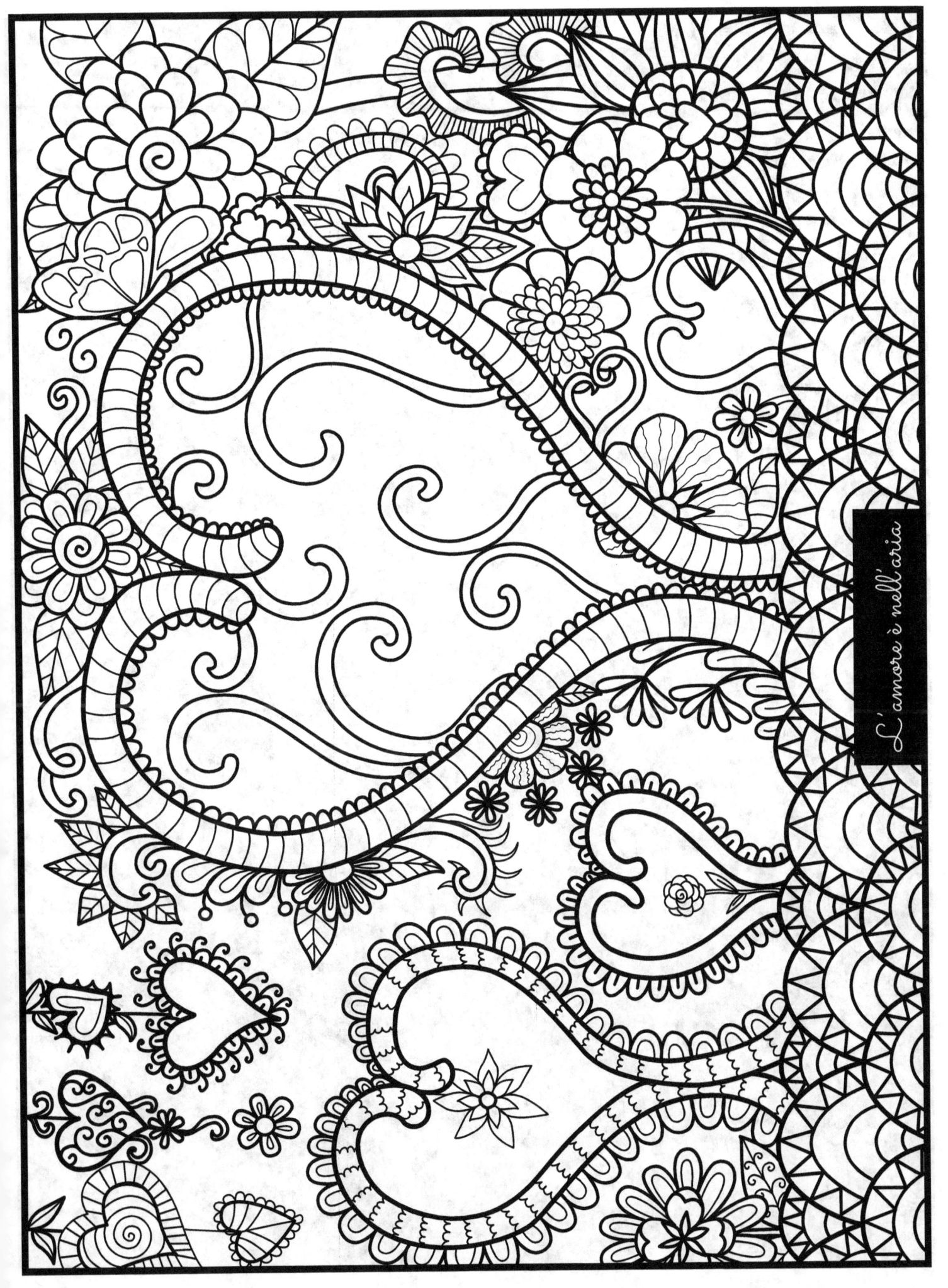

6

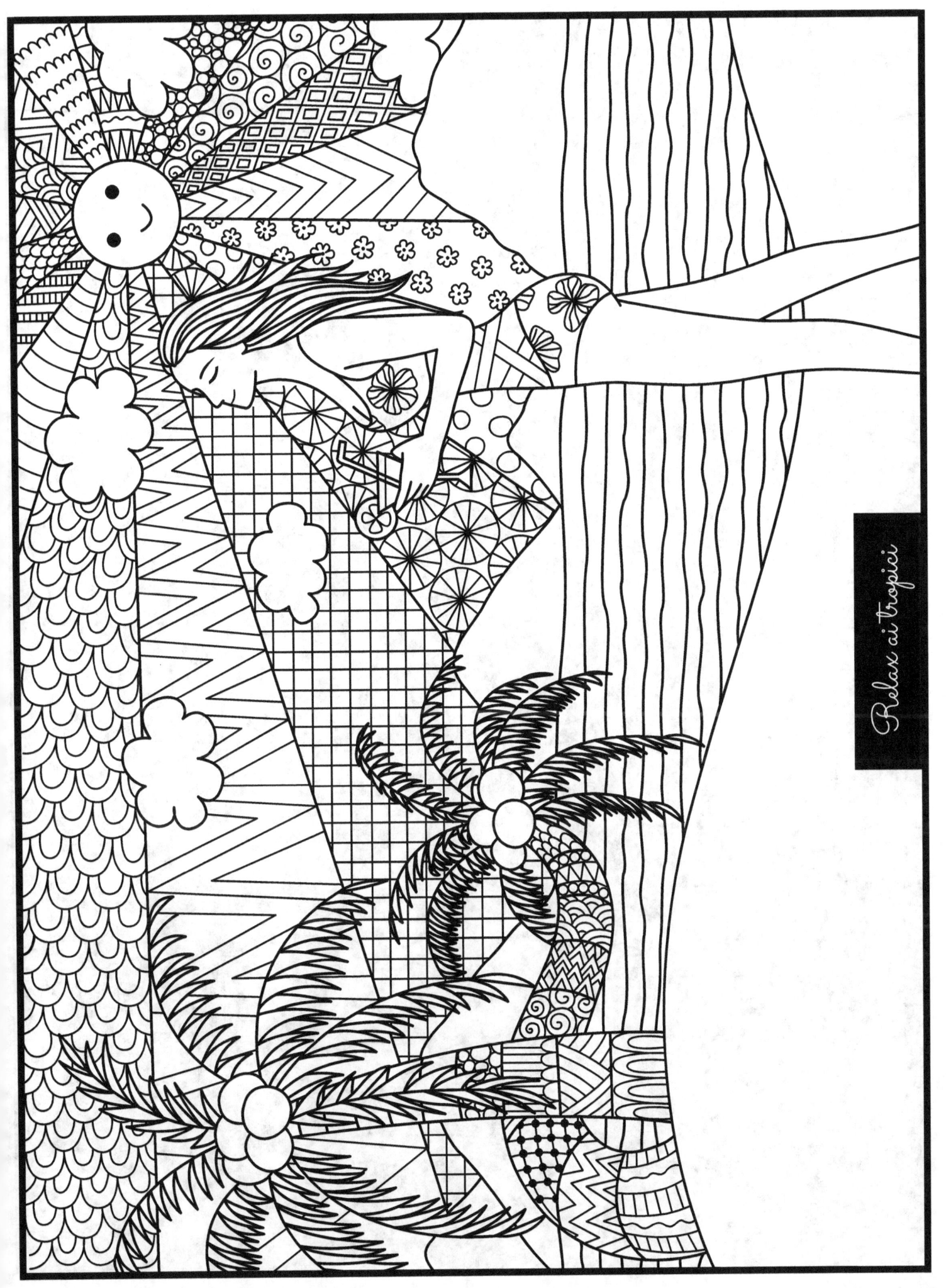

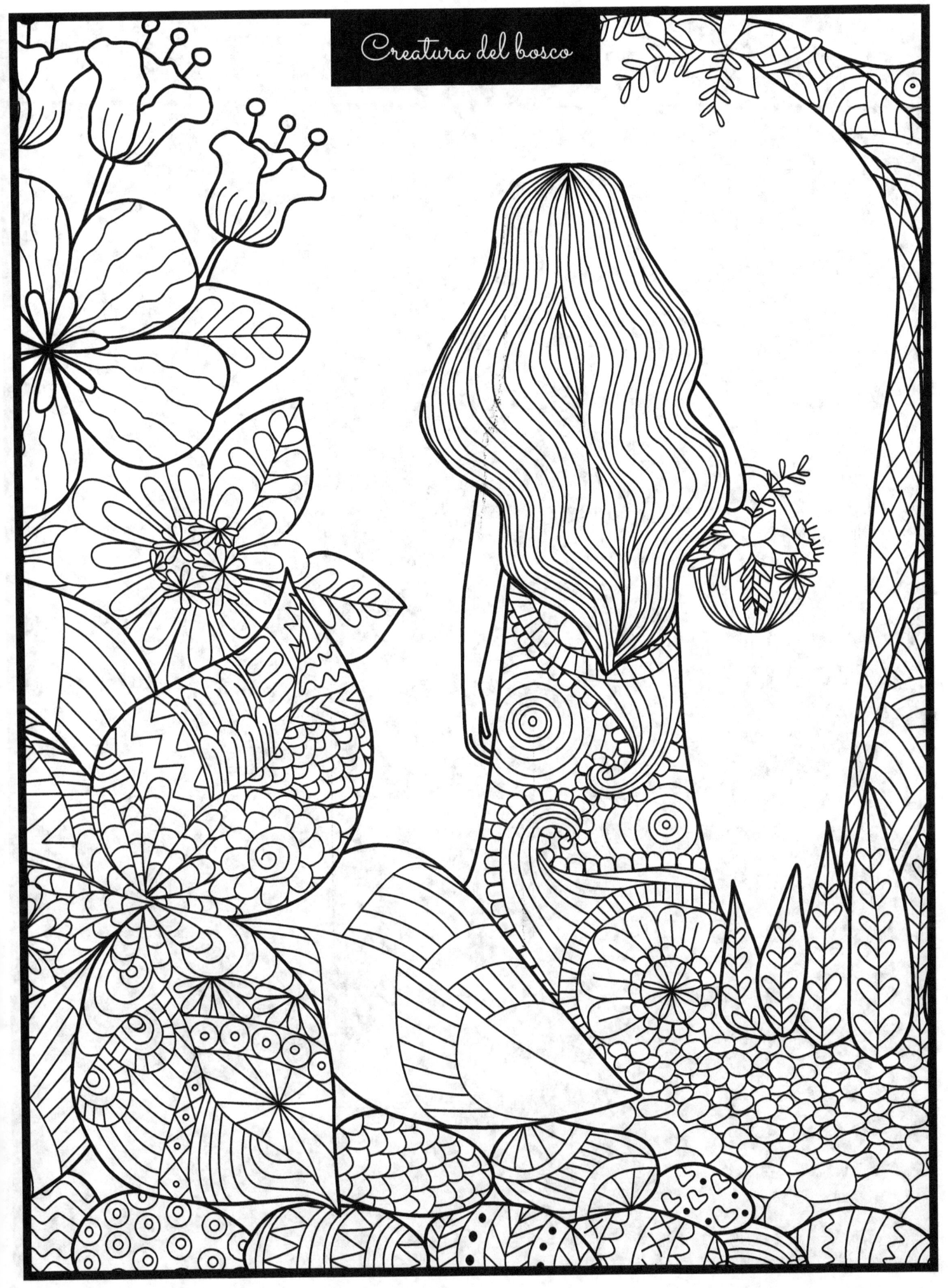

8

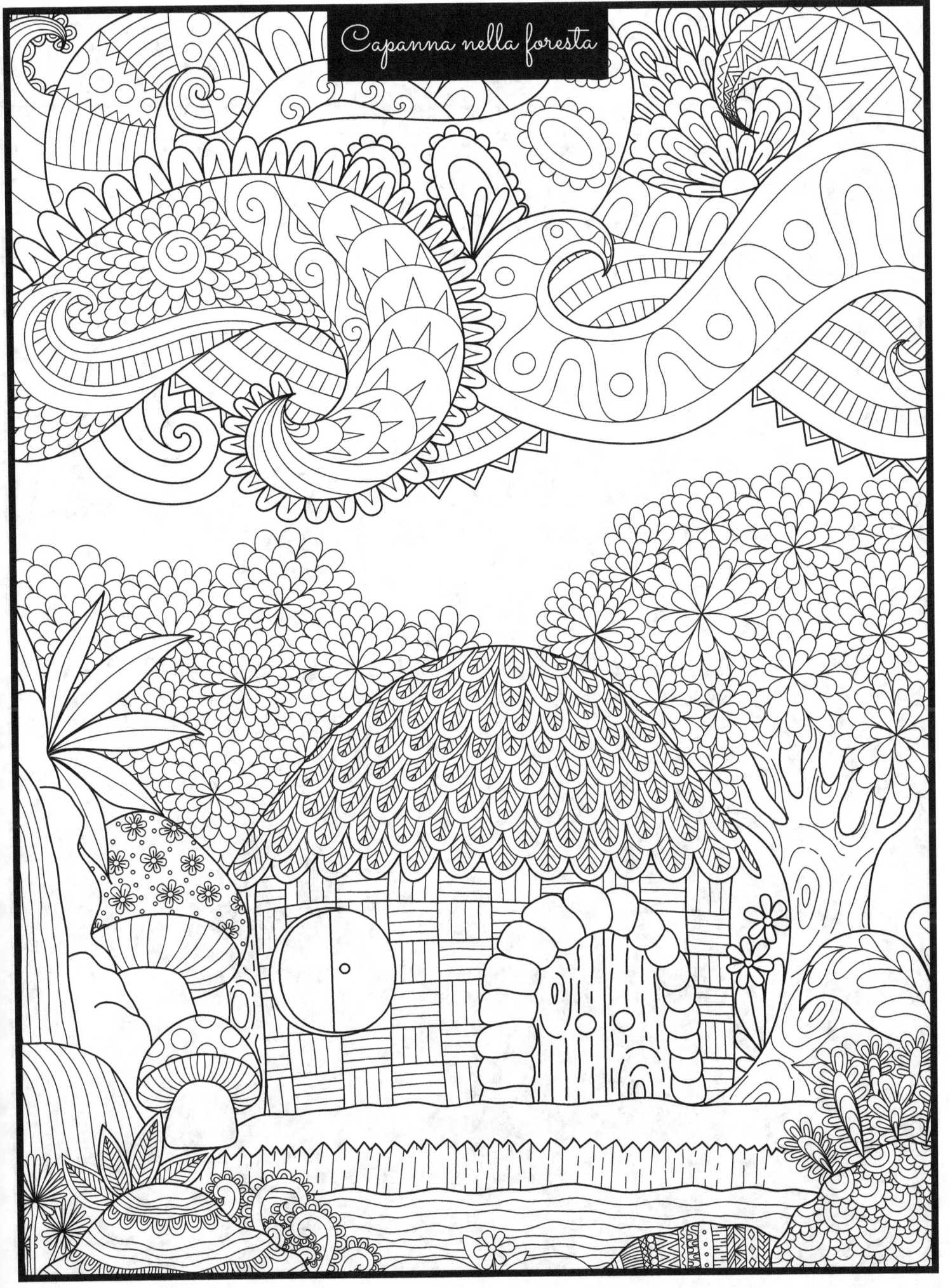

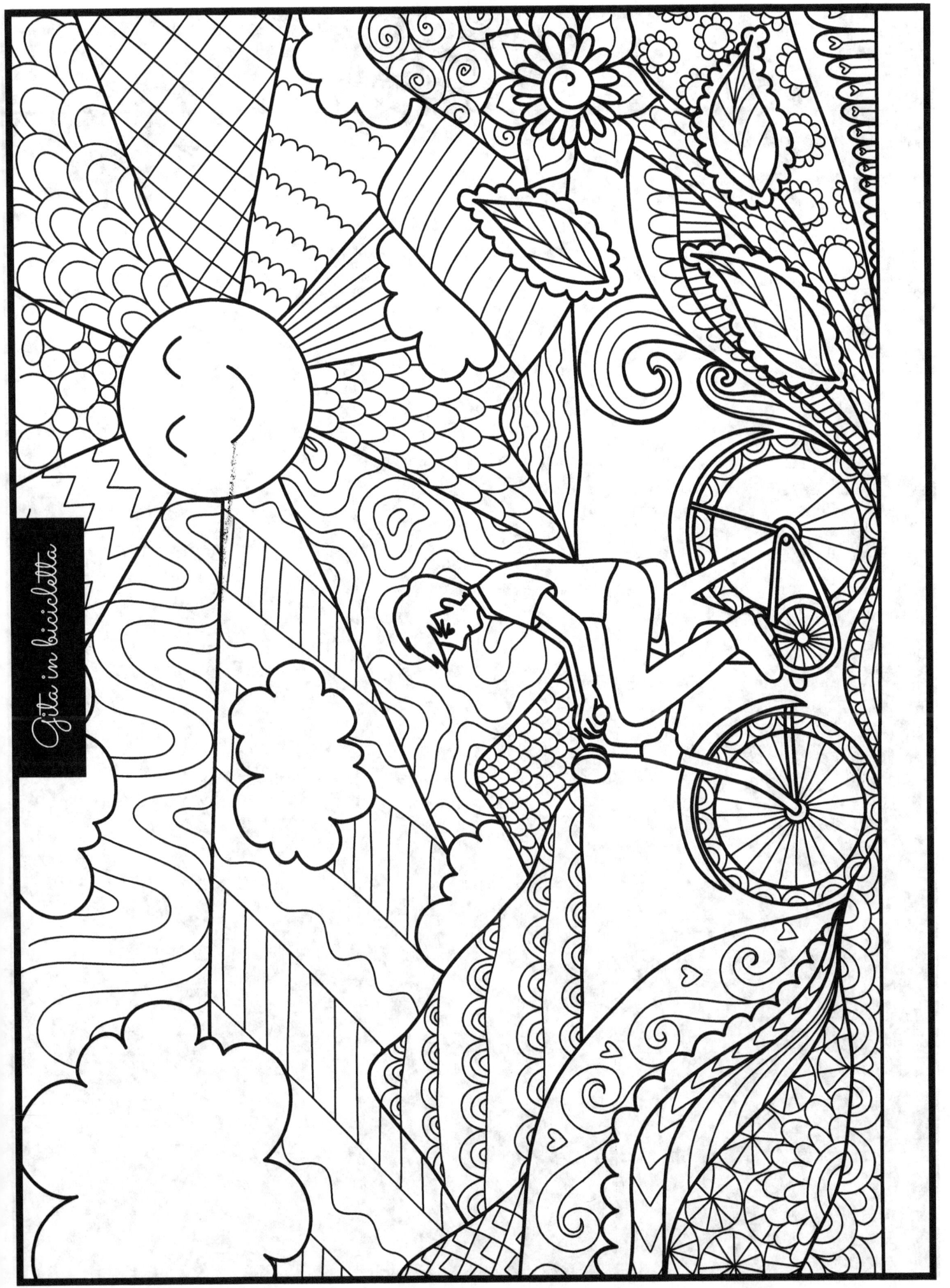

10

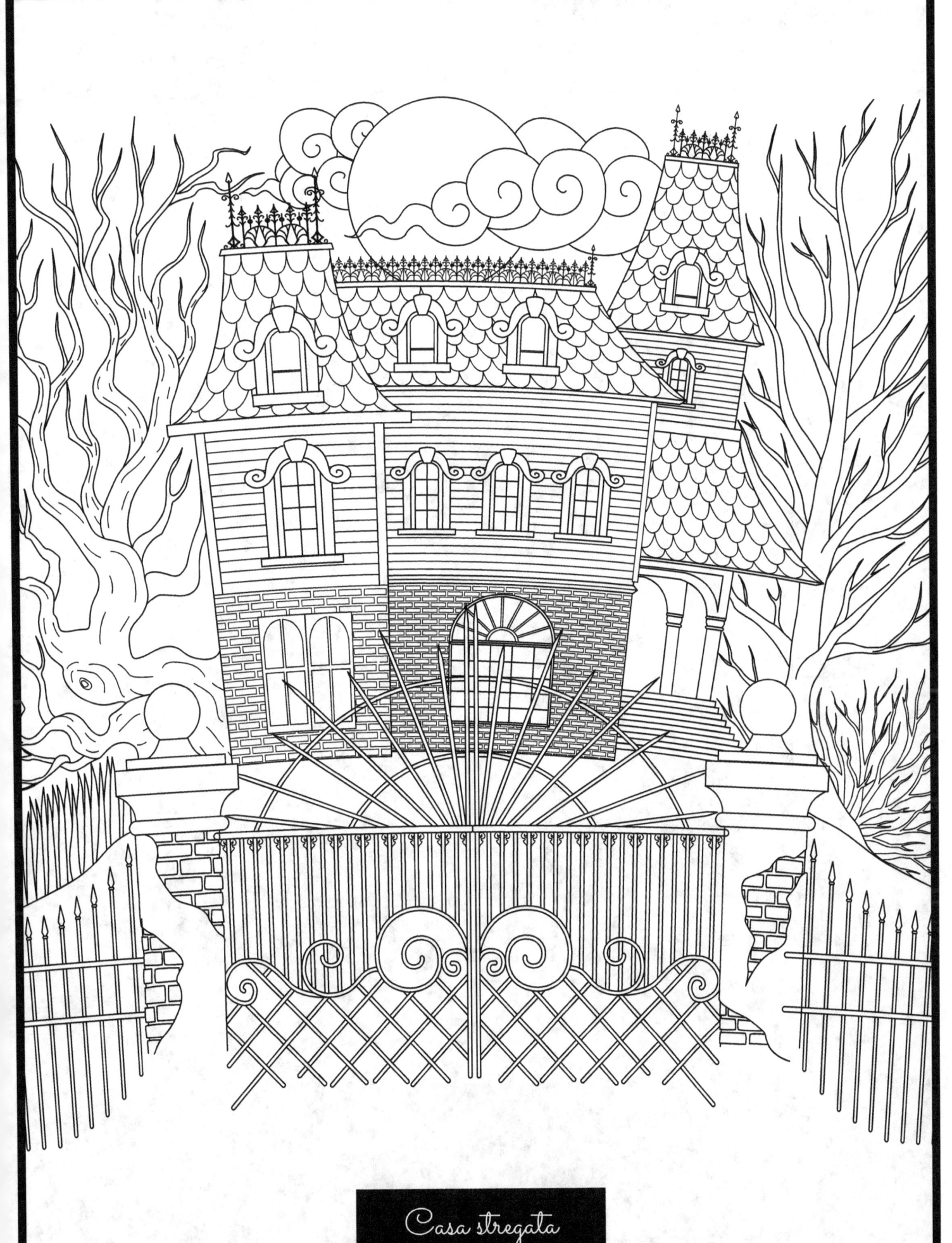
Casa stregata

11

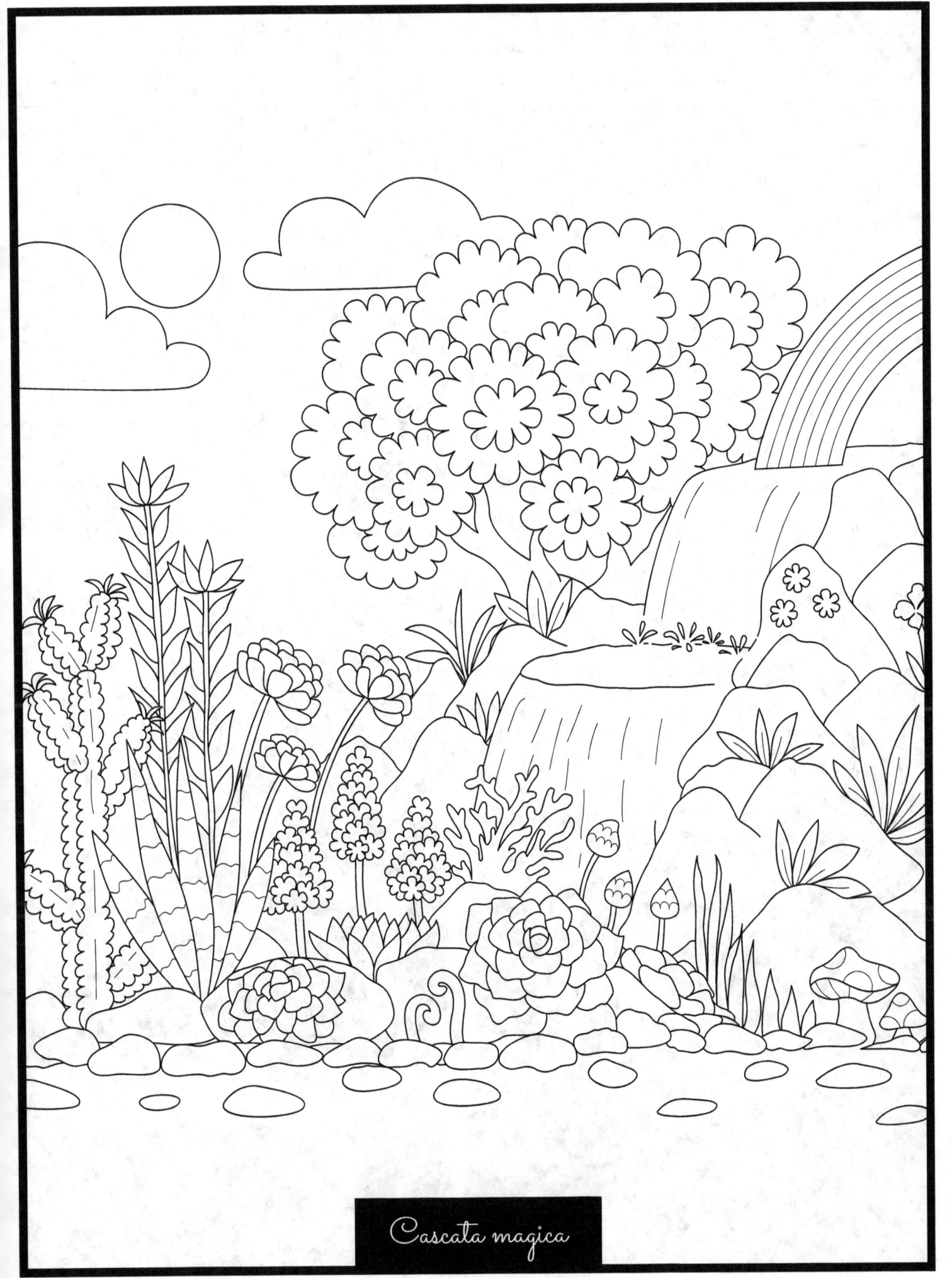

Cascata magica

12

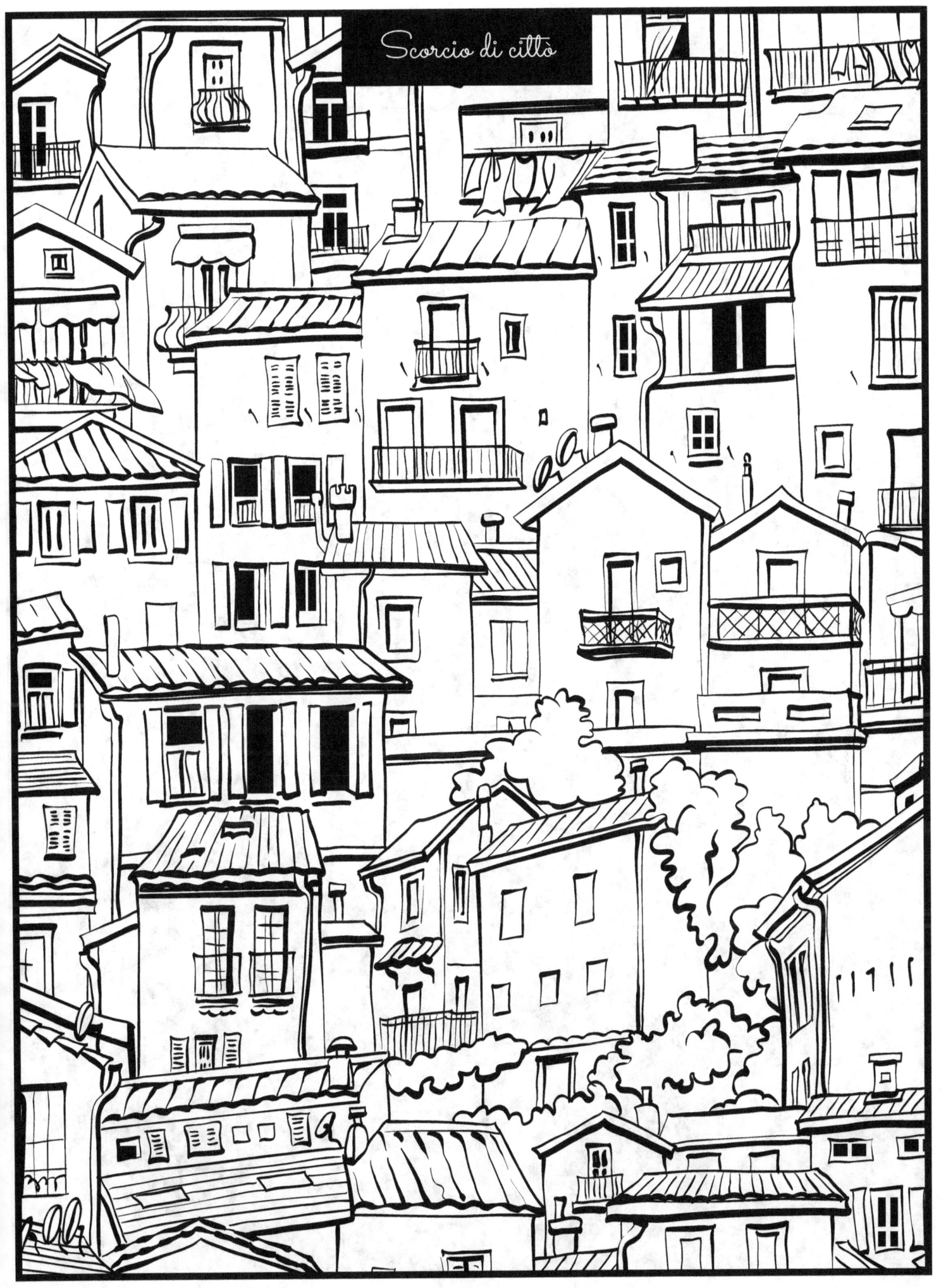

13

Scenari di fantasia

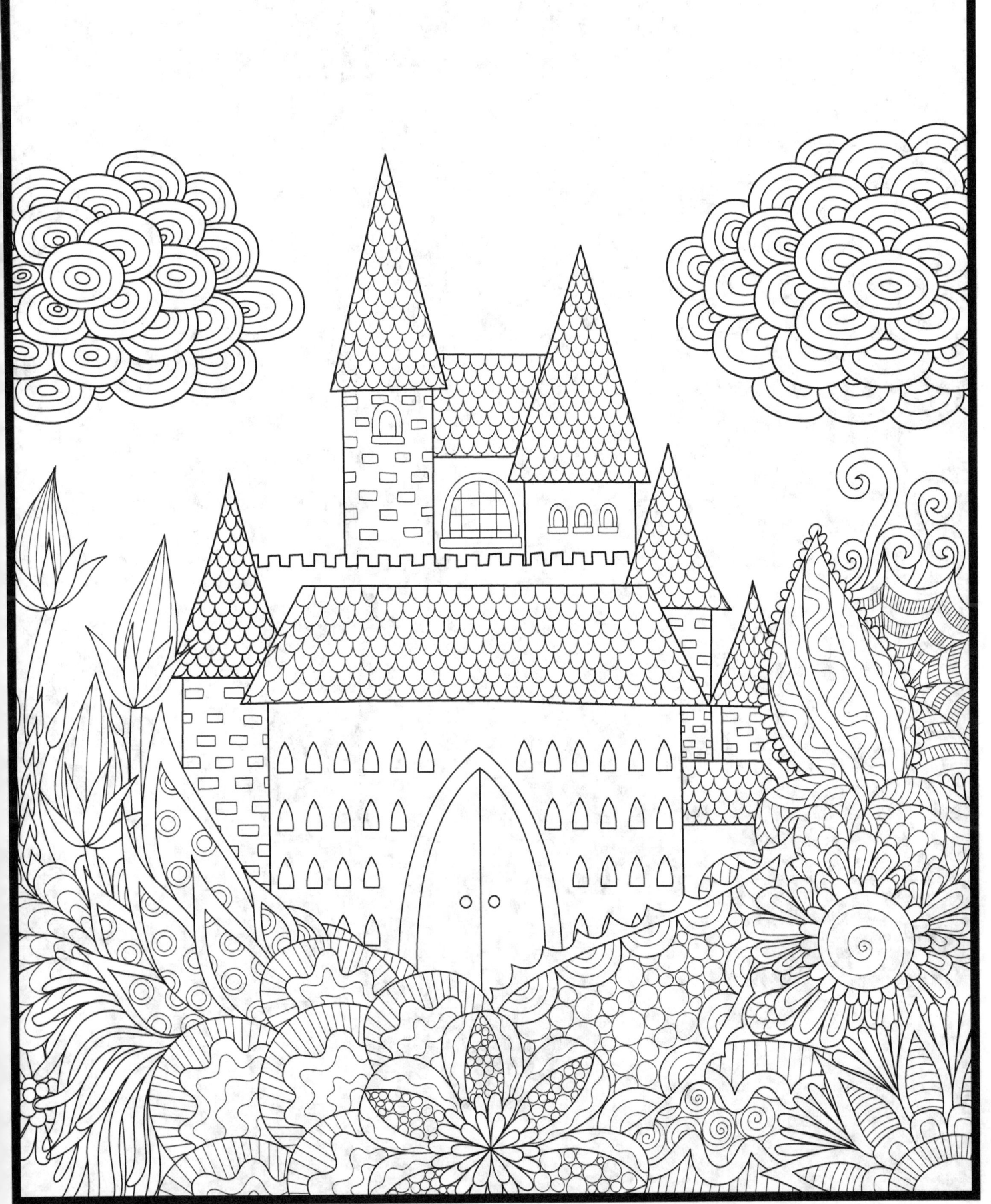

14

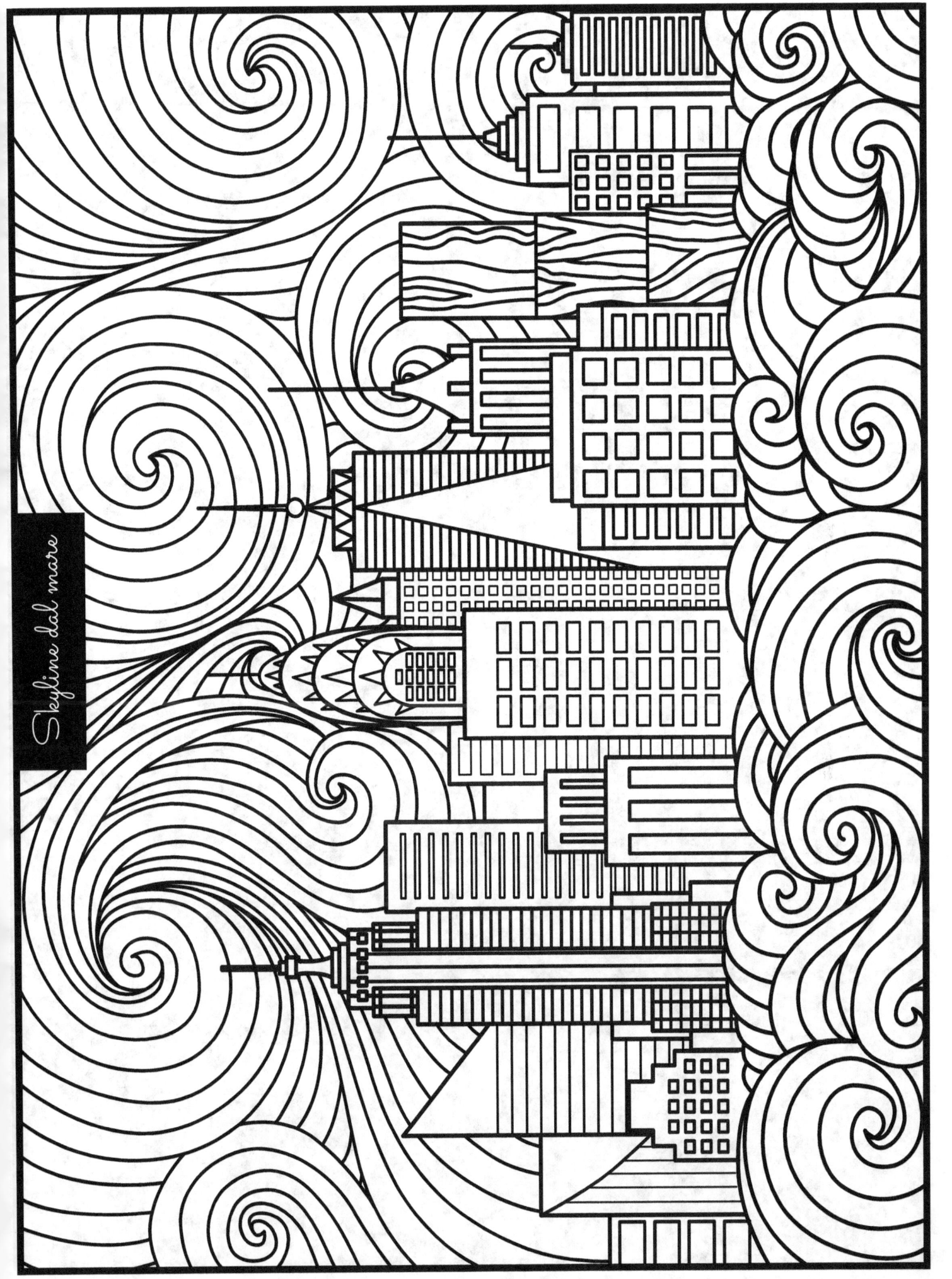
Skyline dal mare

15

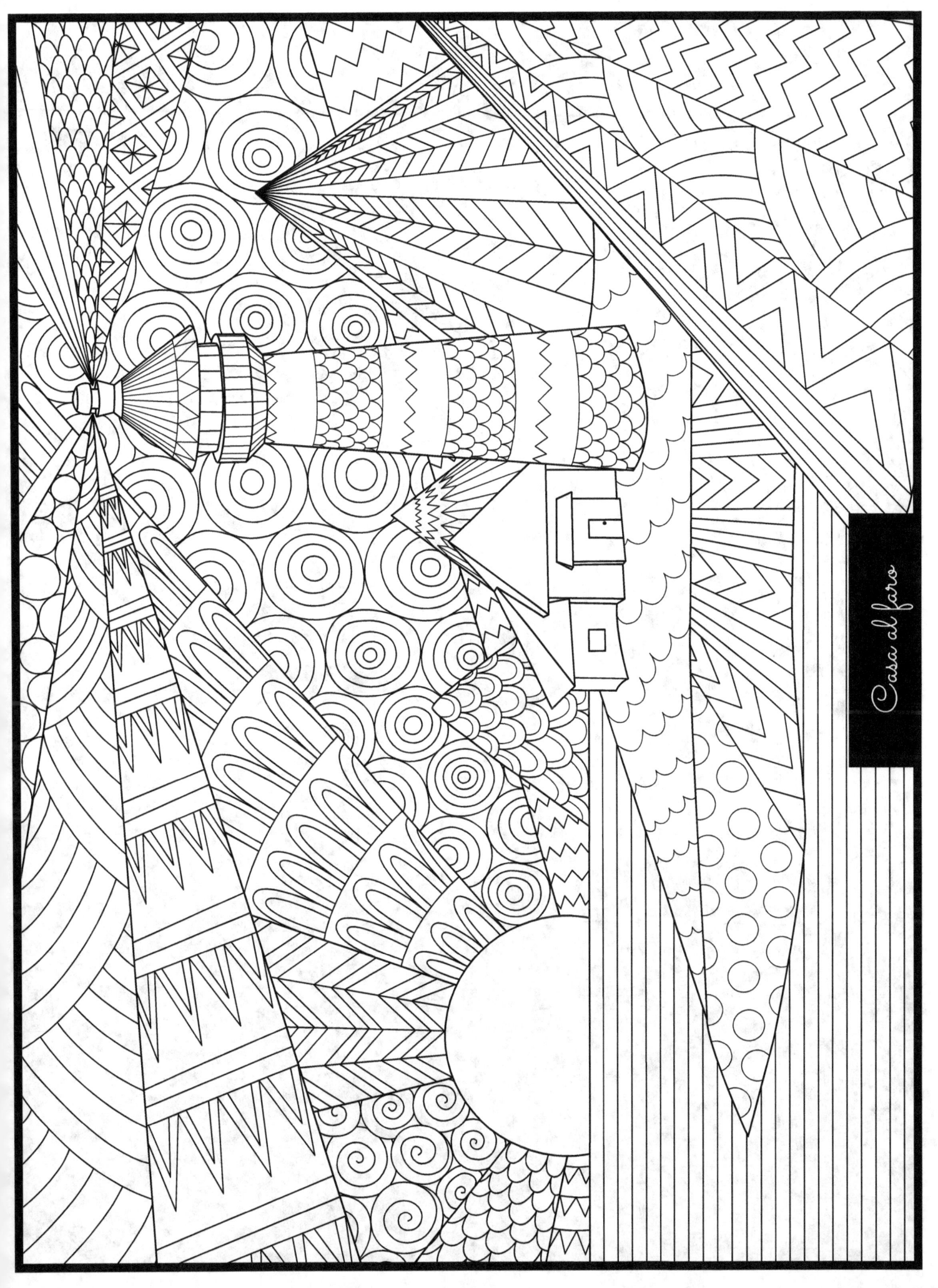

16

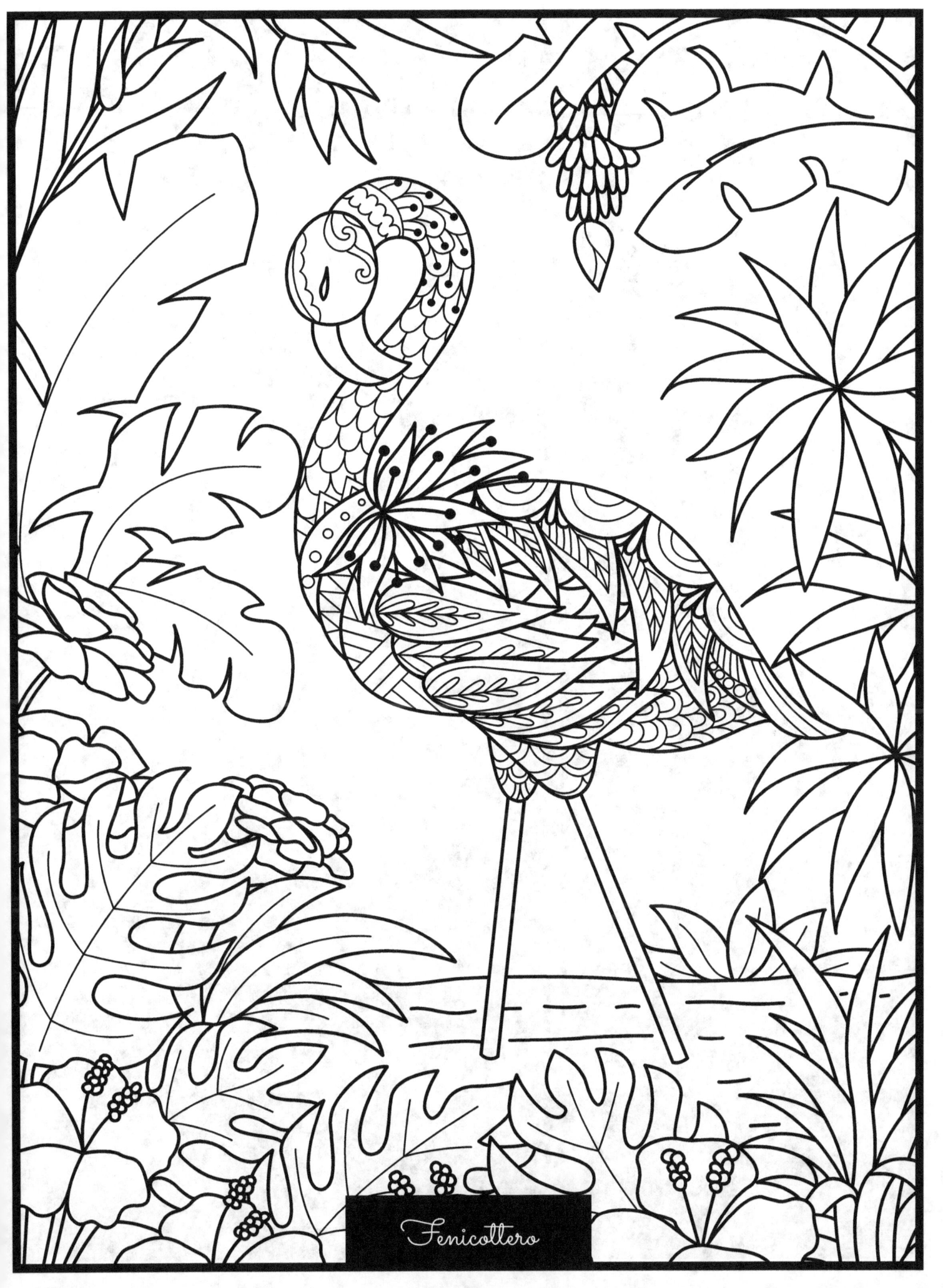

17

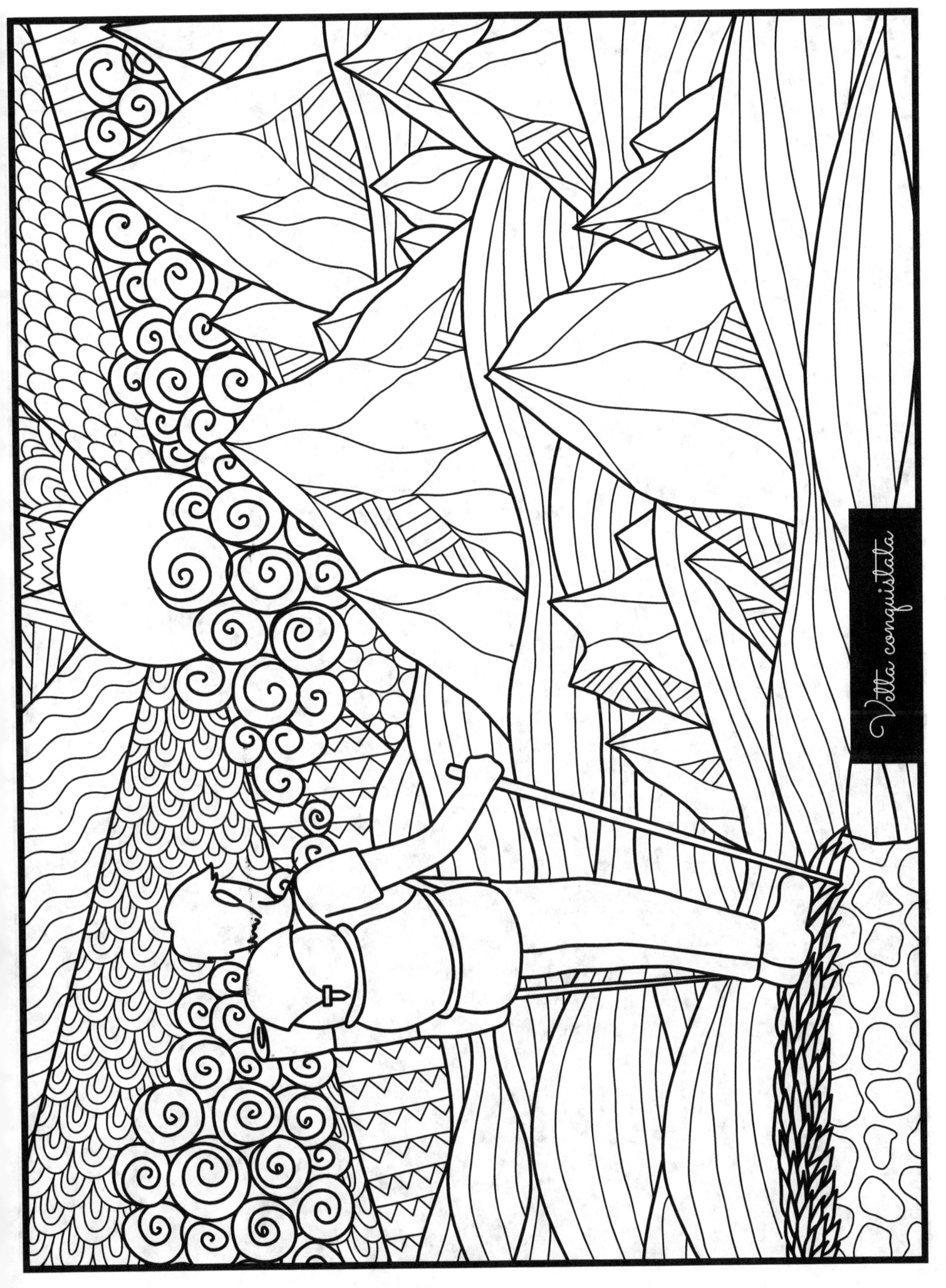

18

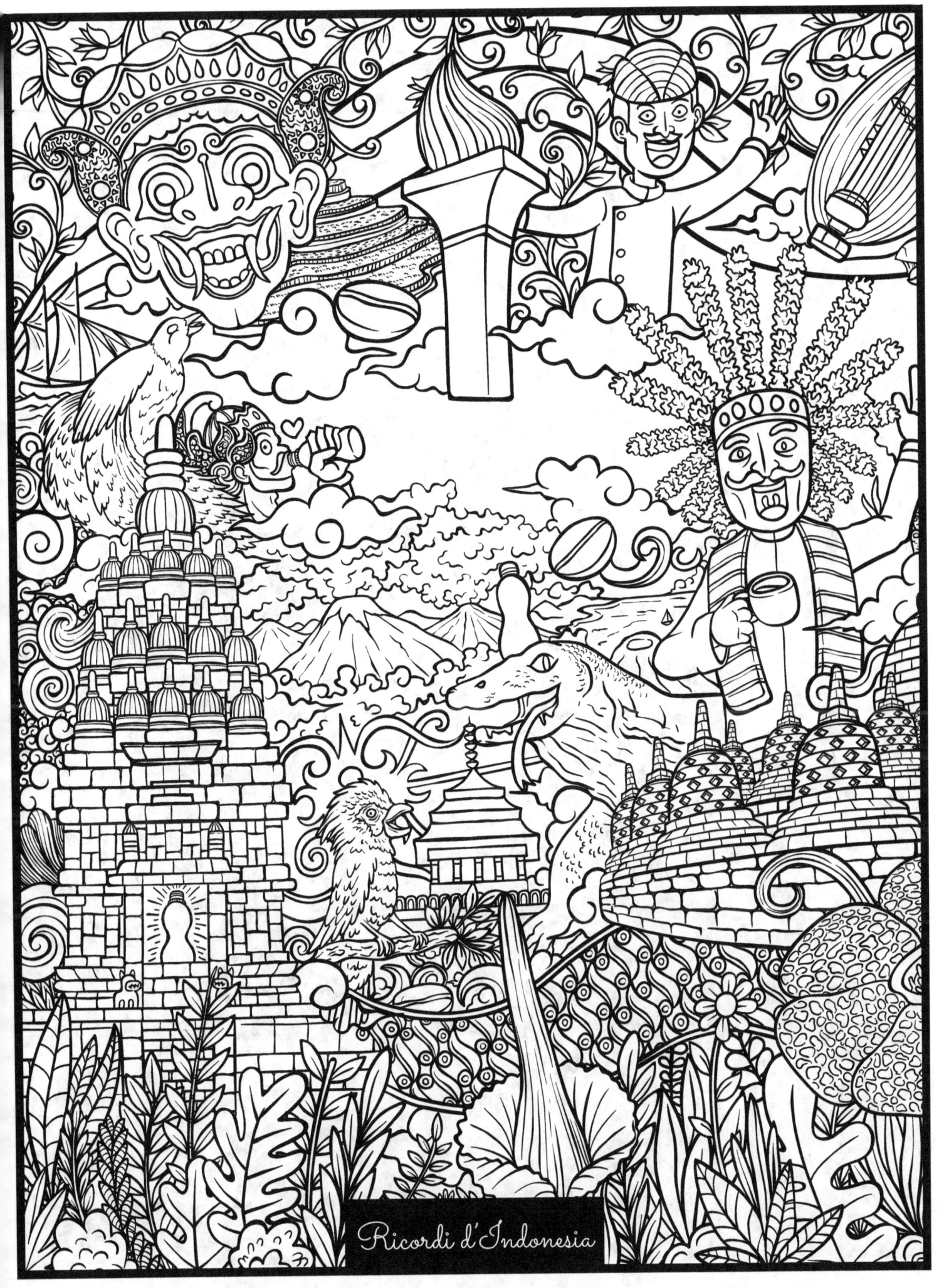

19

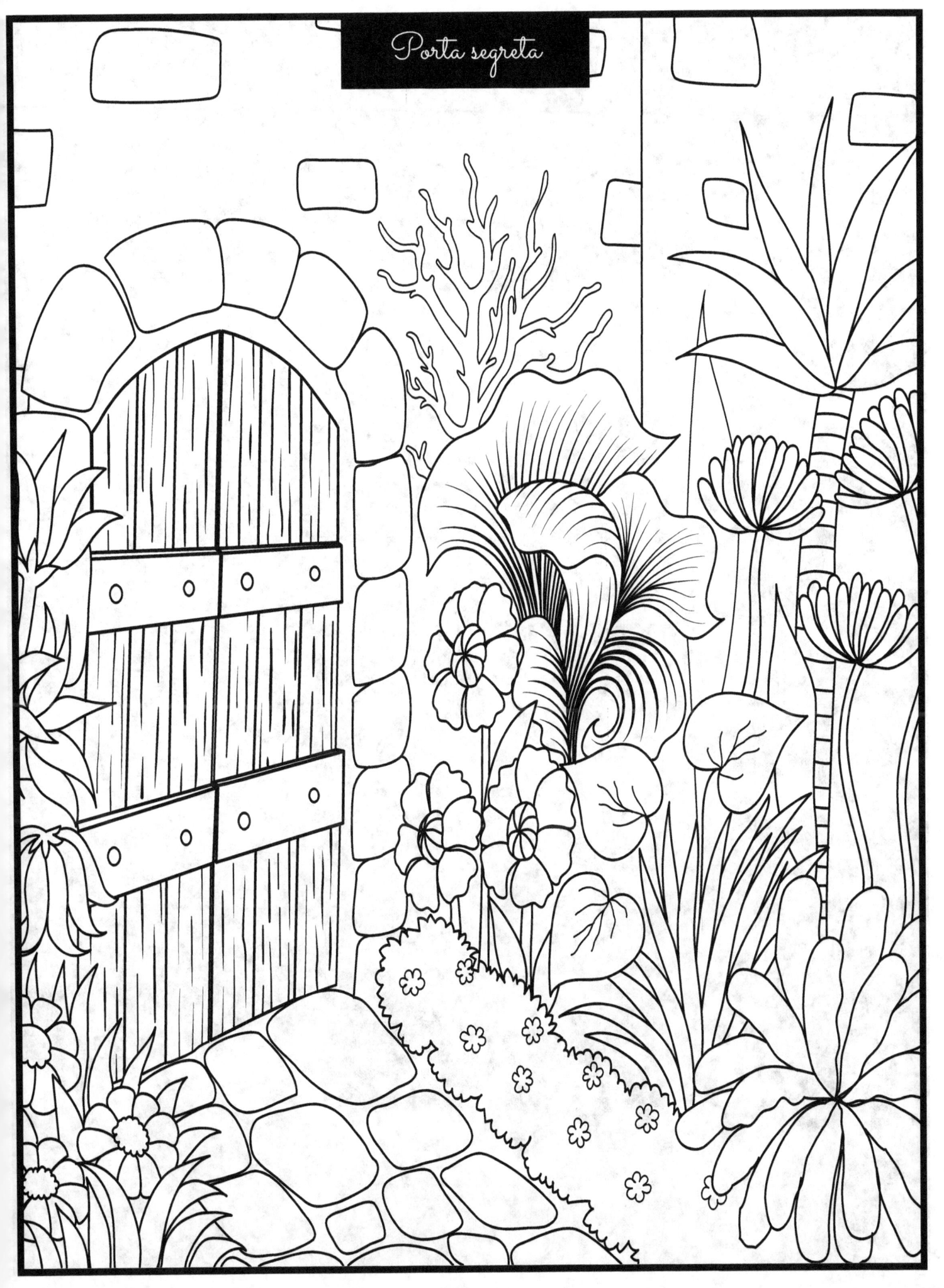

20

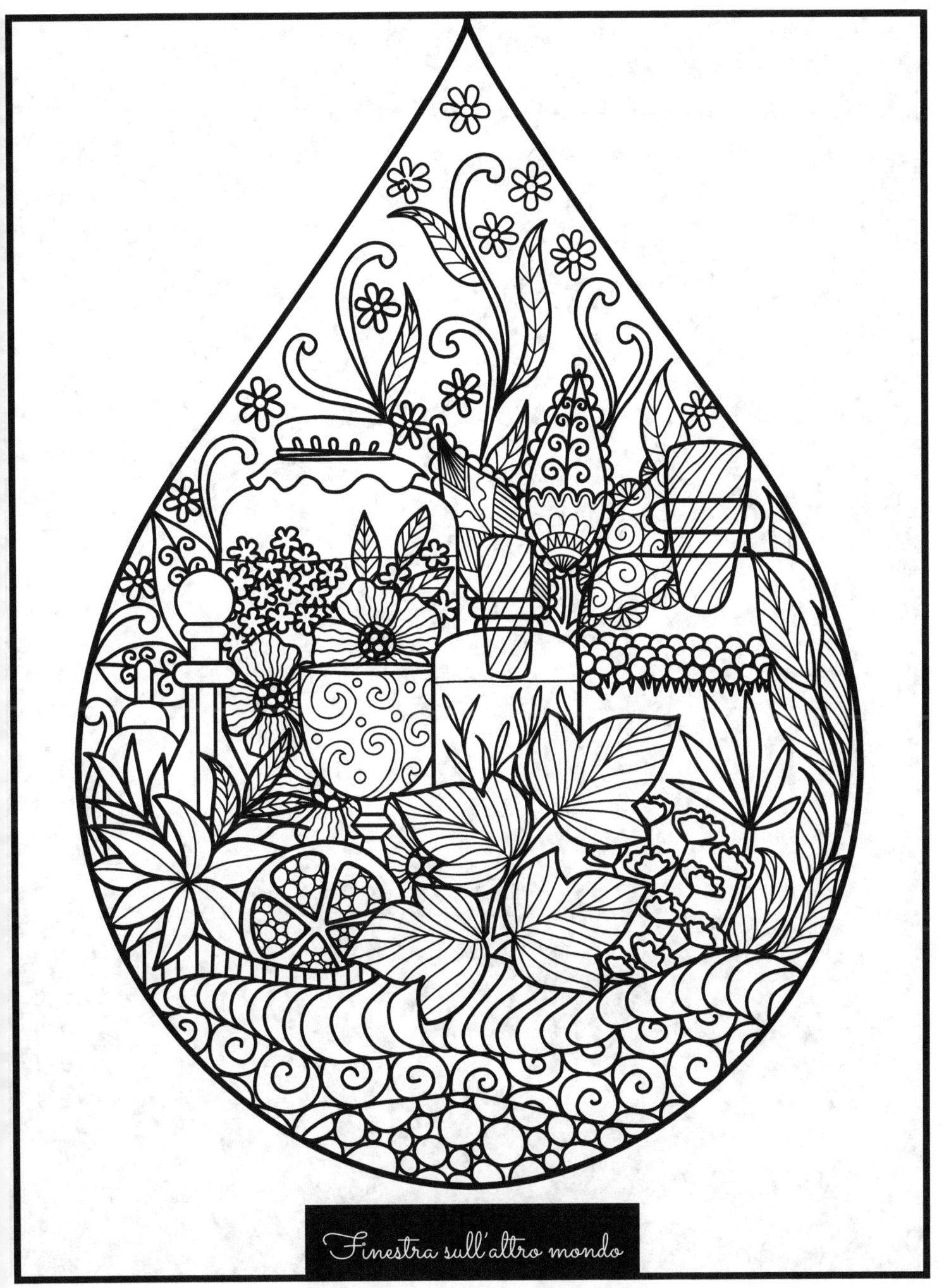

Finestra sull'altro mondo

21

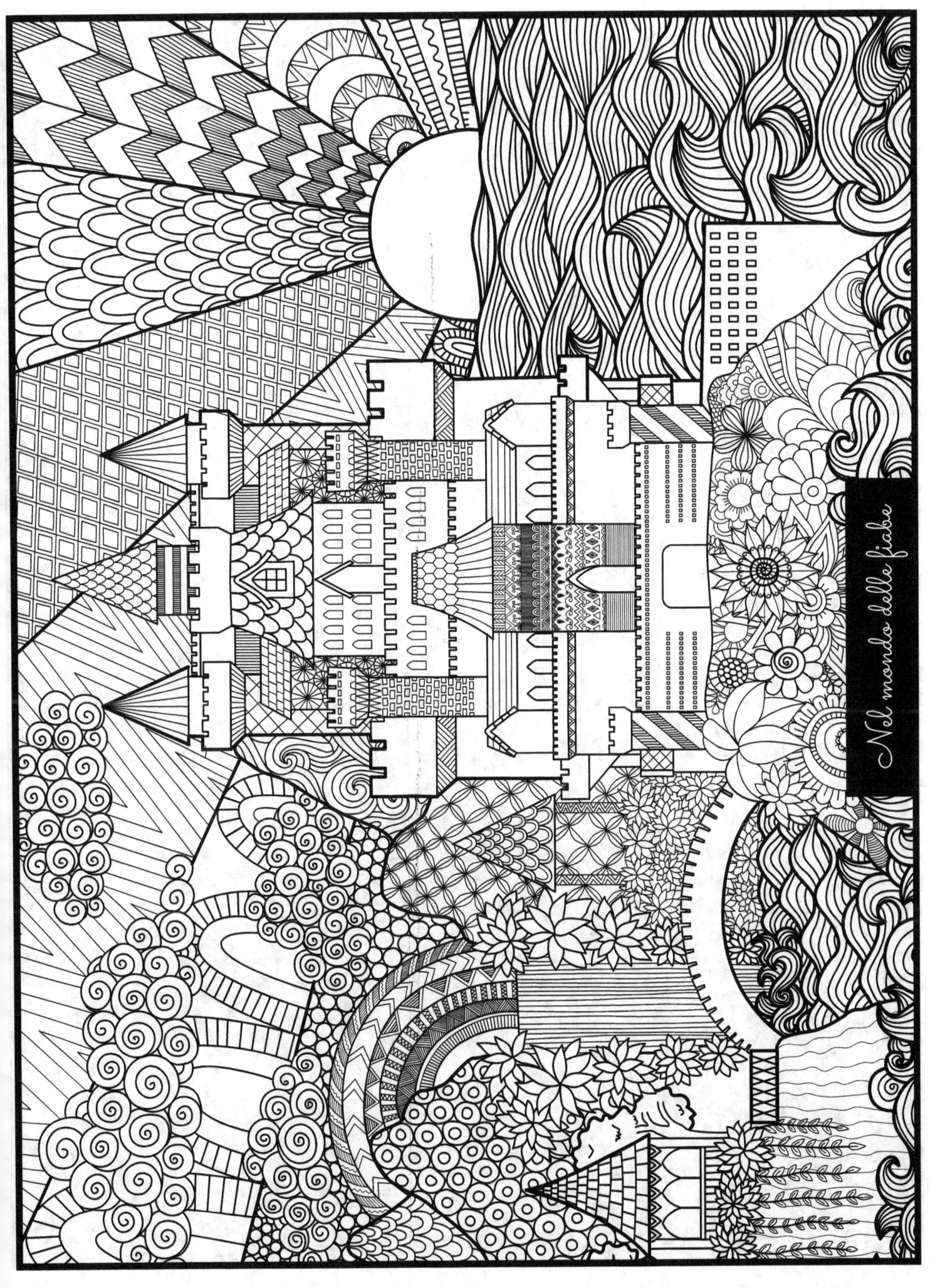
Nel mondo delle fiabe

22

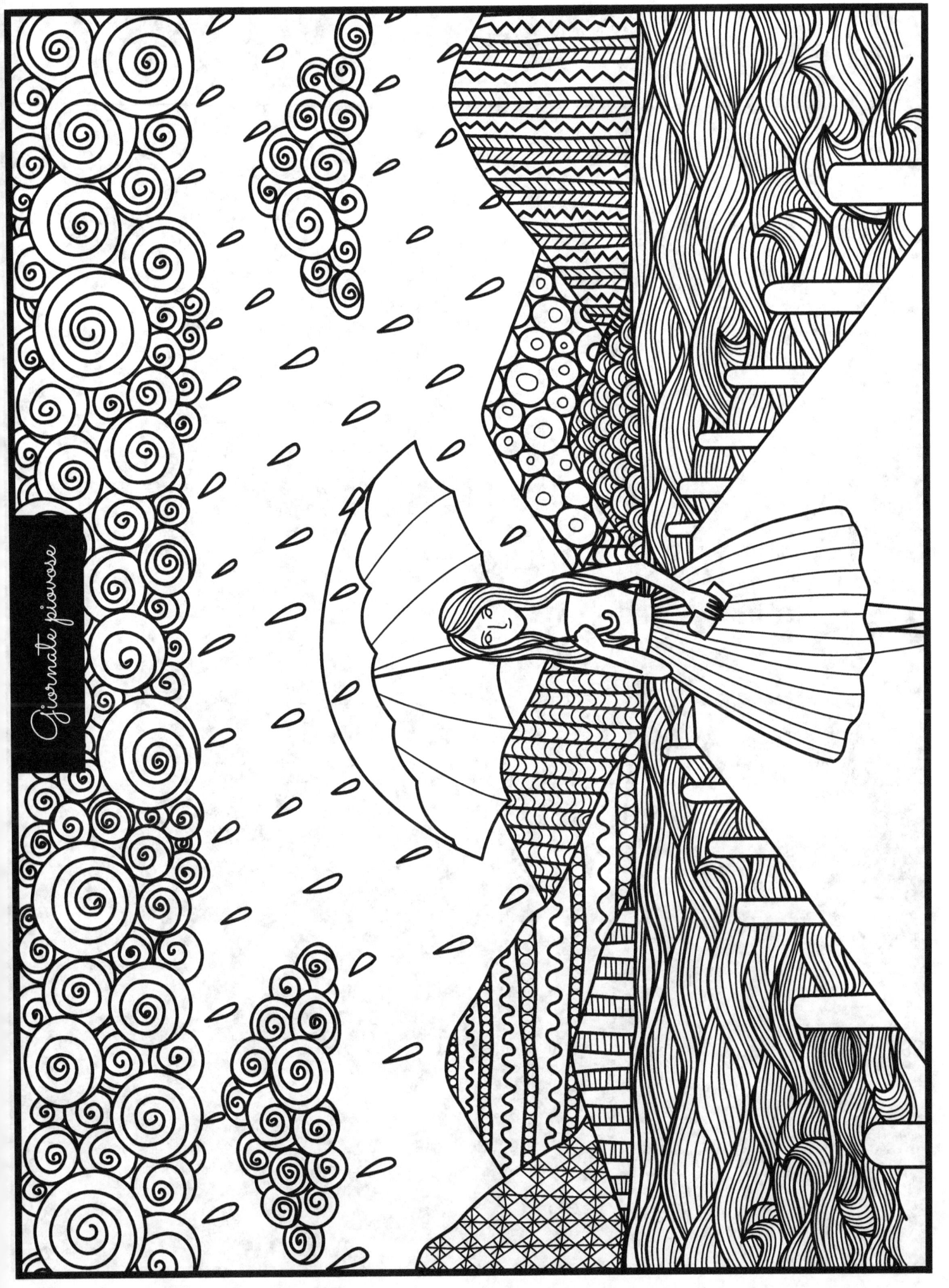

23

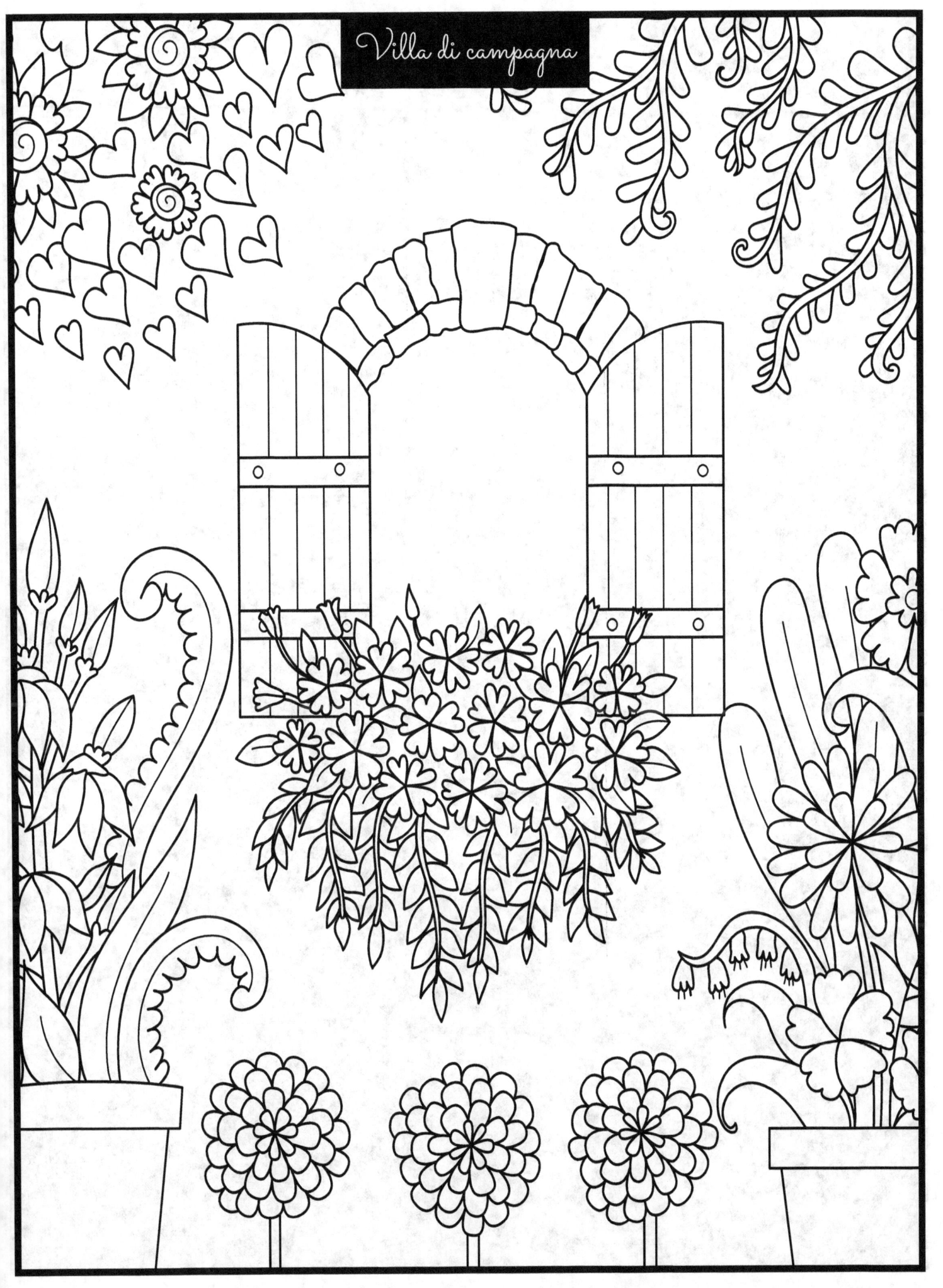

24

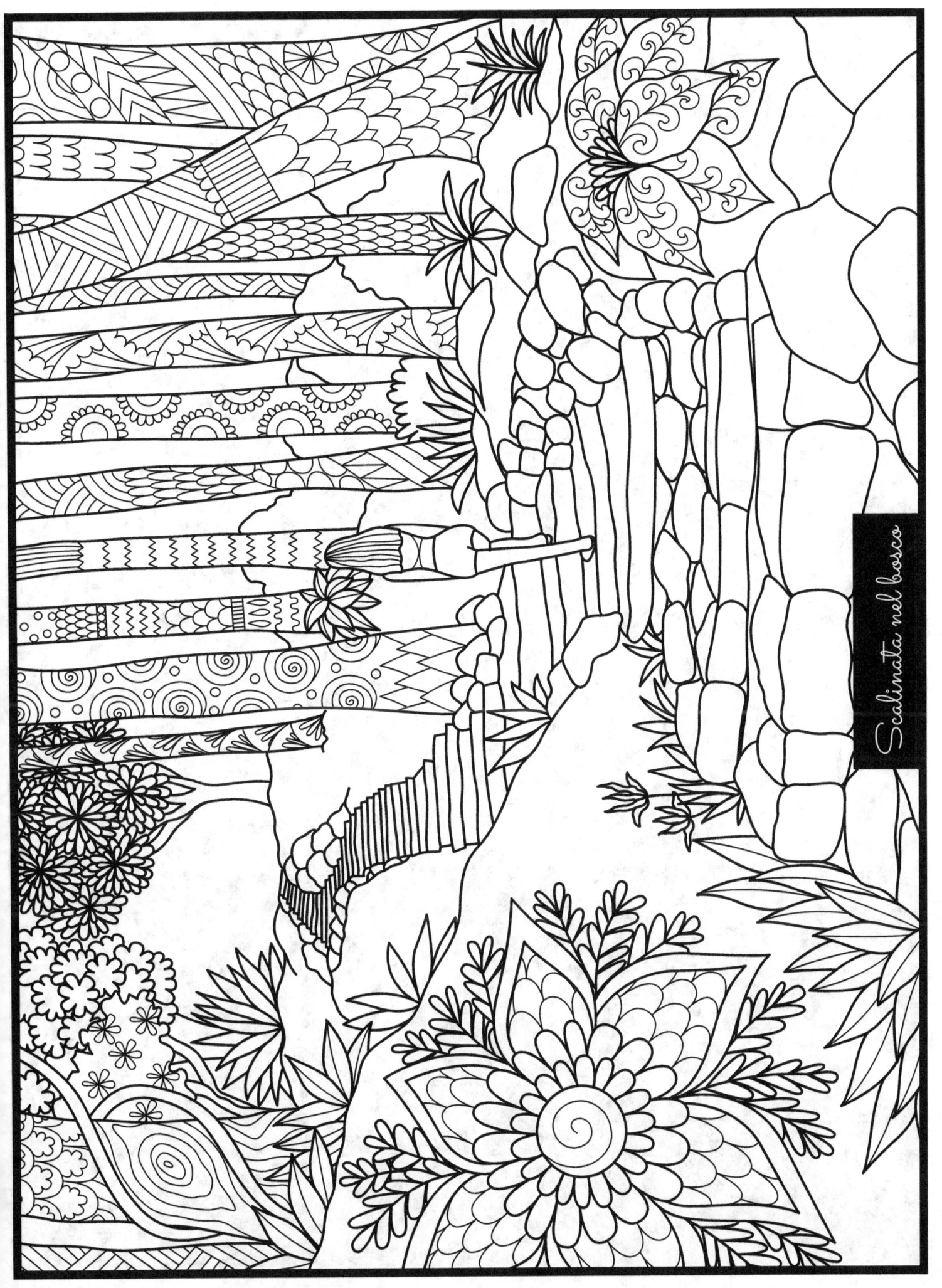
Scalinata nel bosco

25

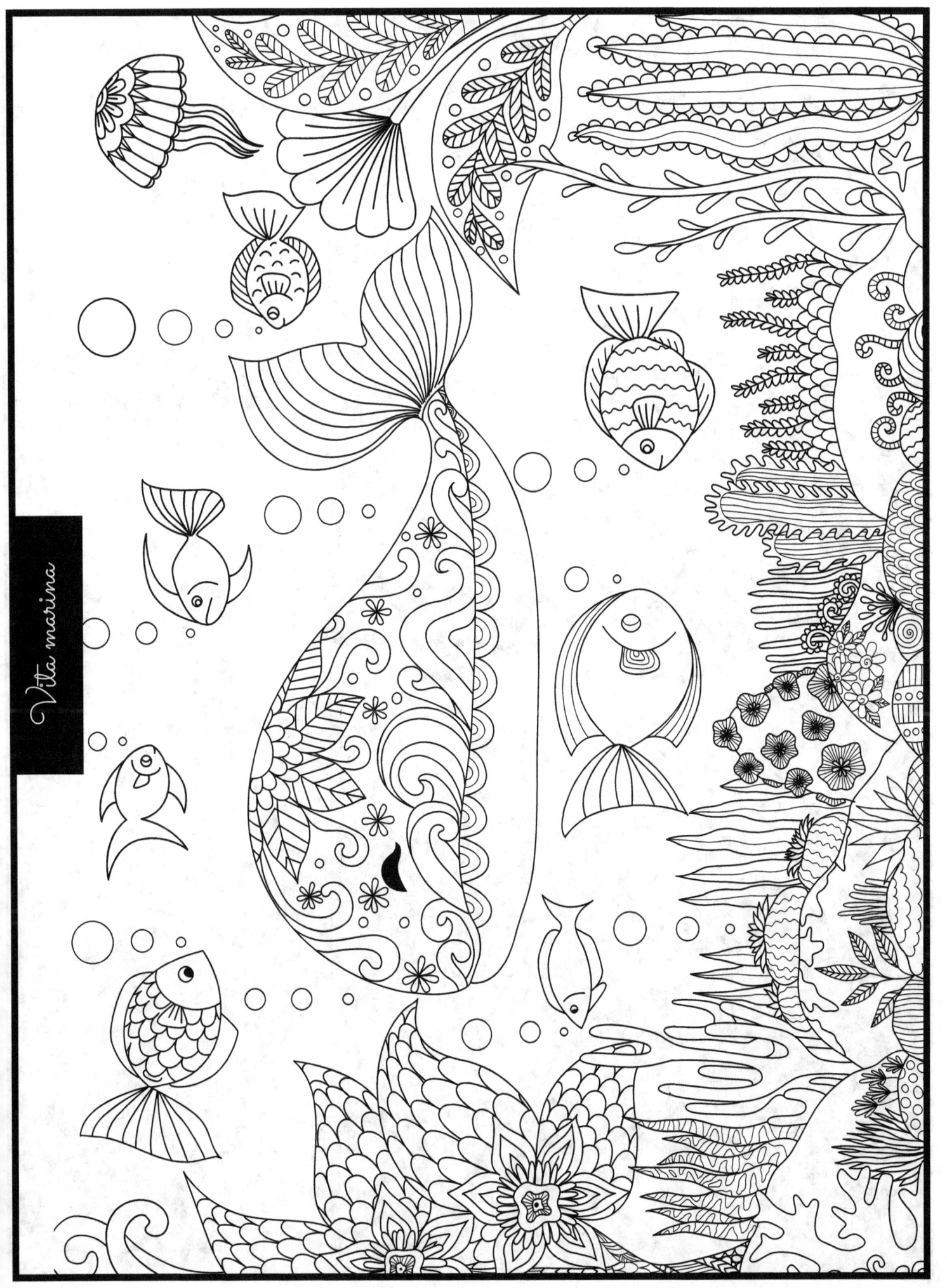

26

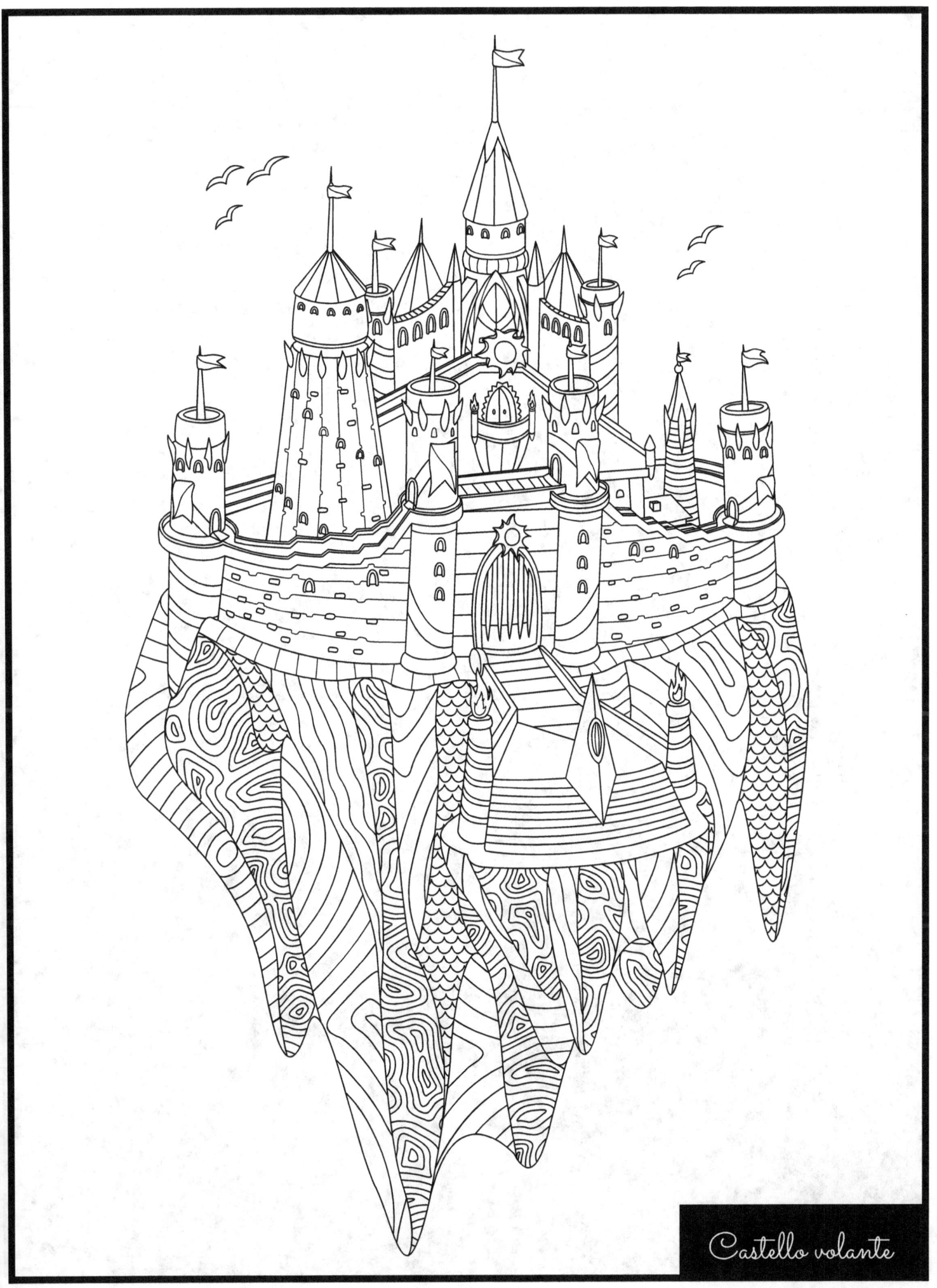

Castello volante

27

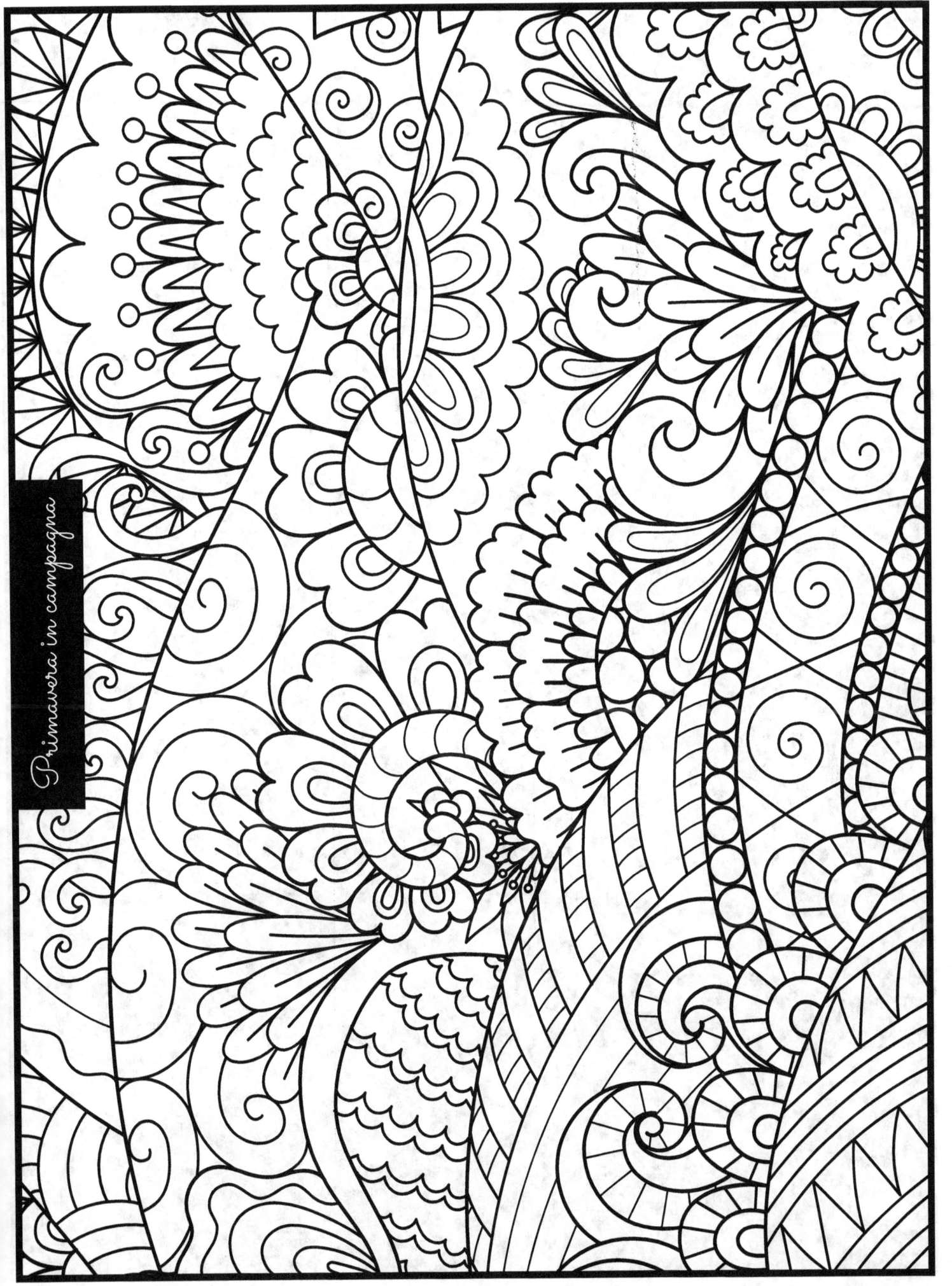

Primavera in campagna

28

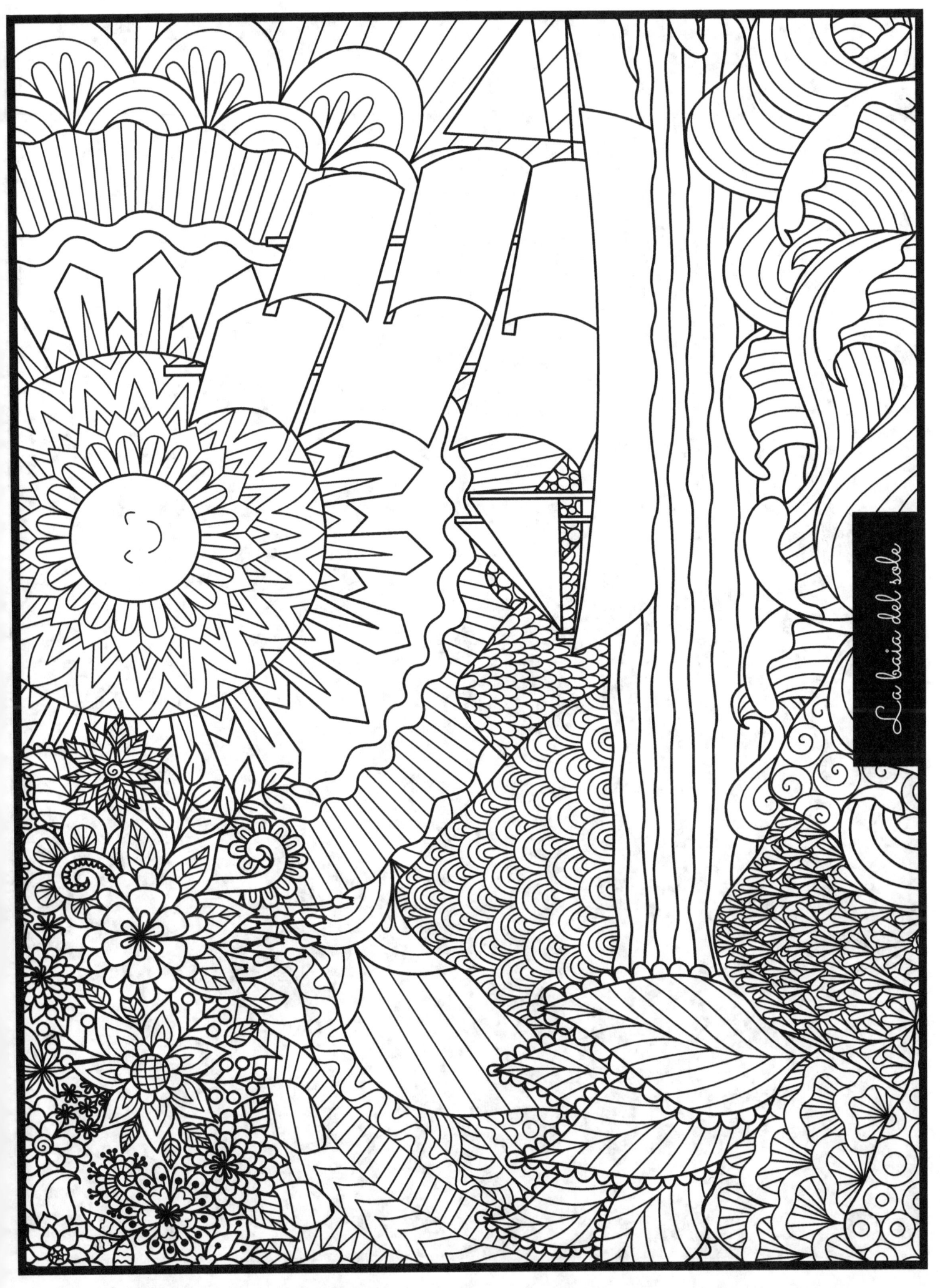

29

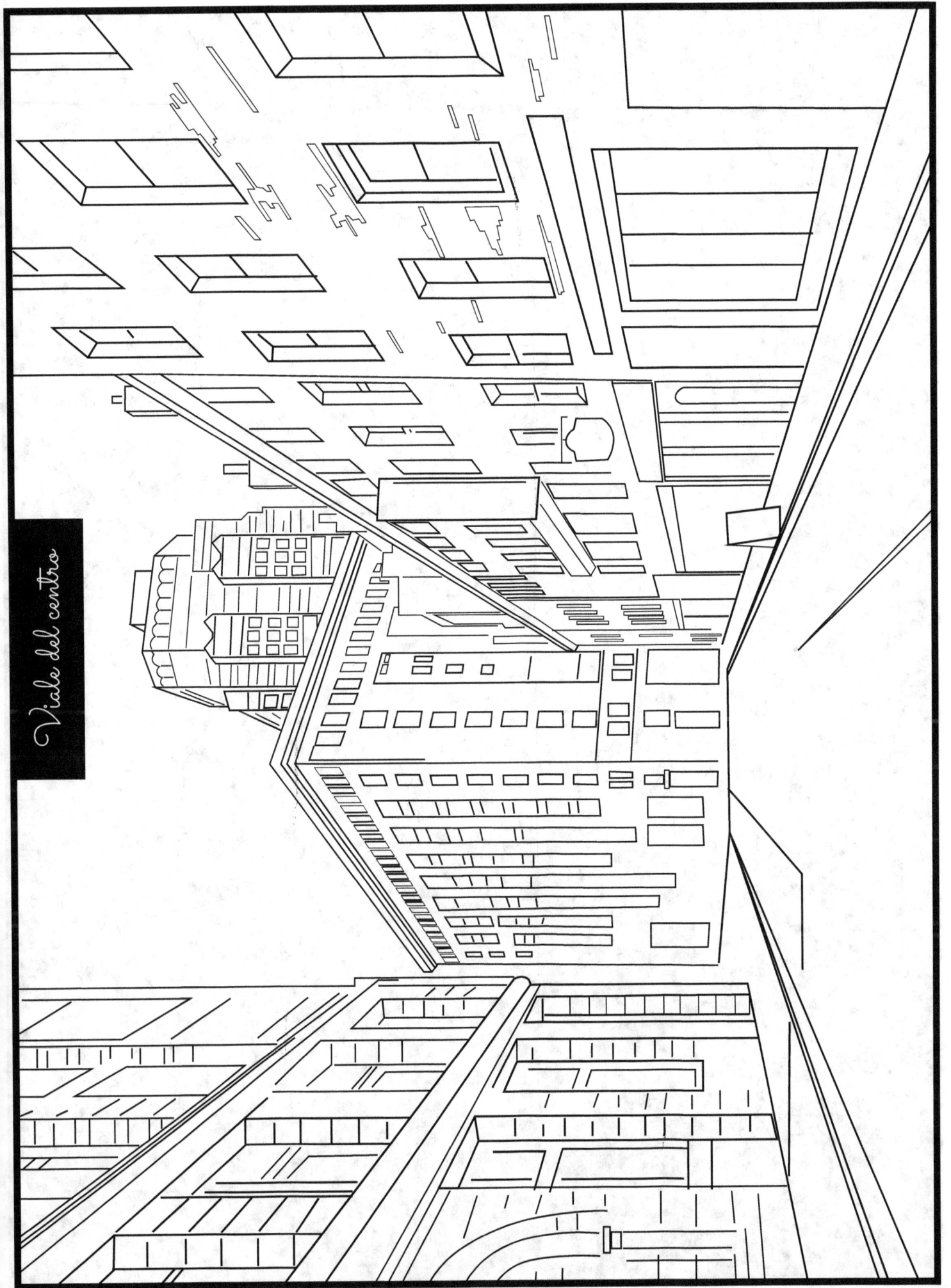

30

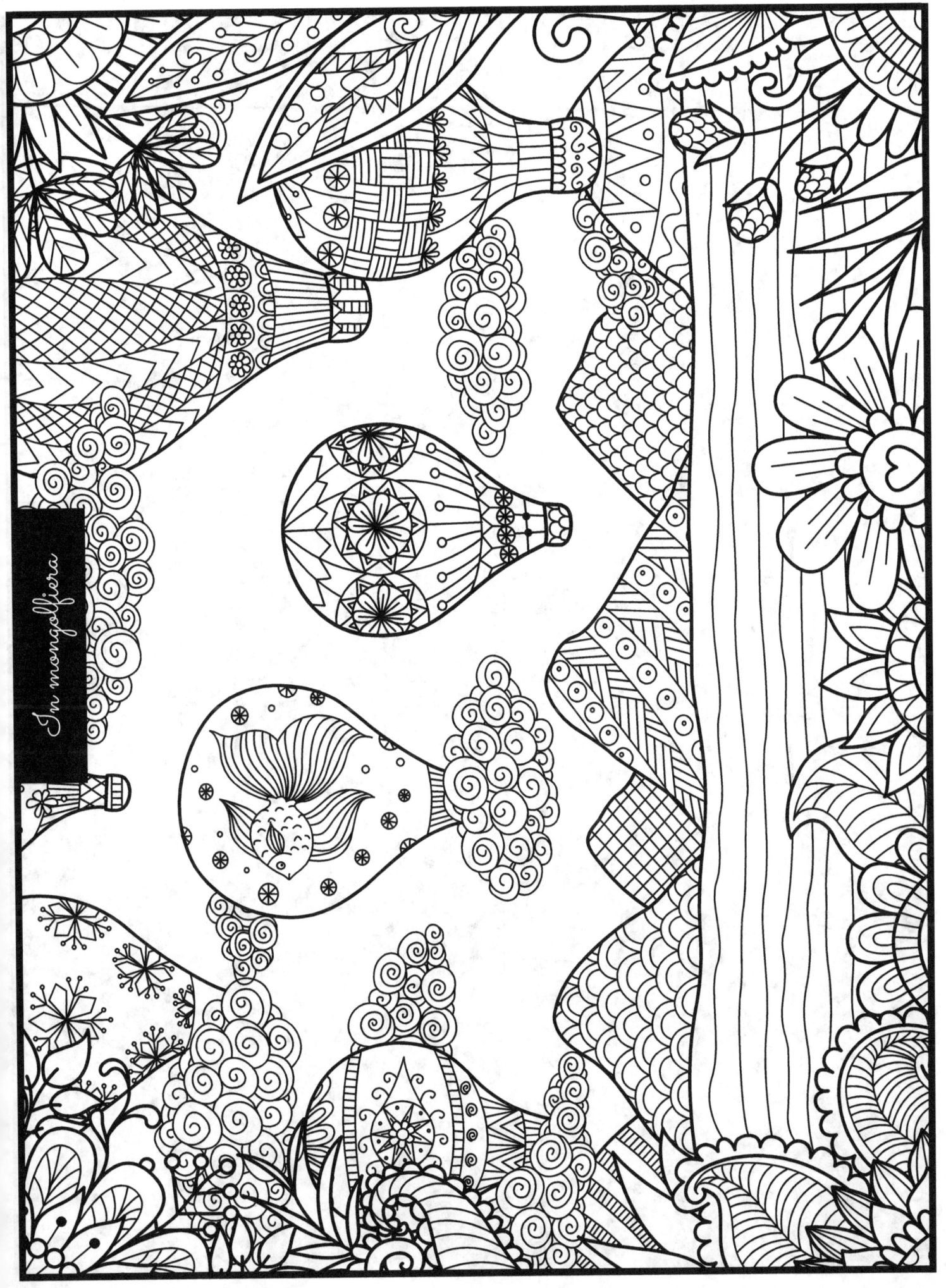

31

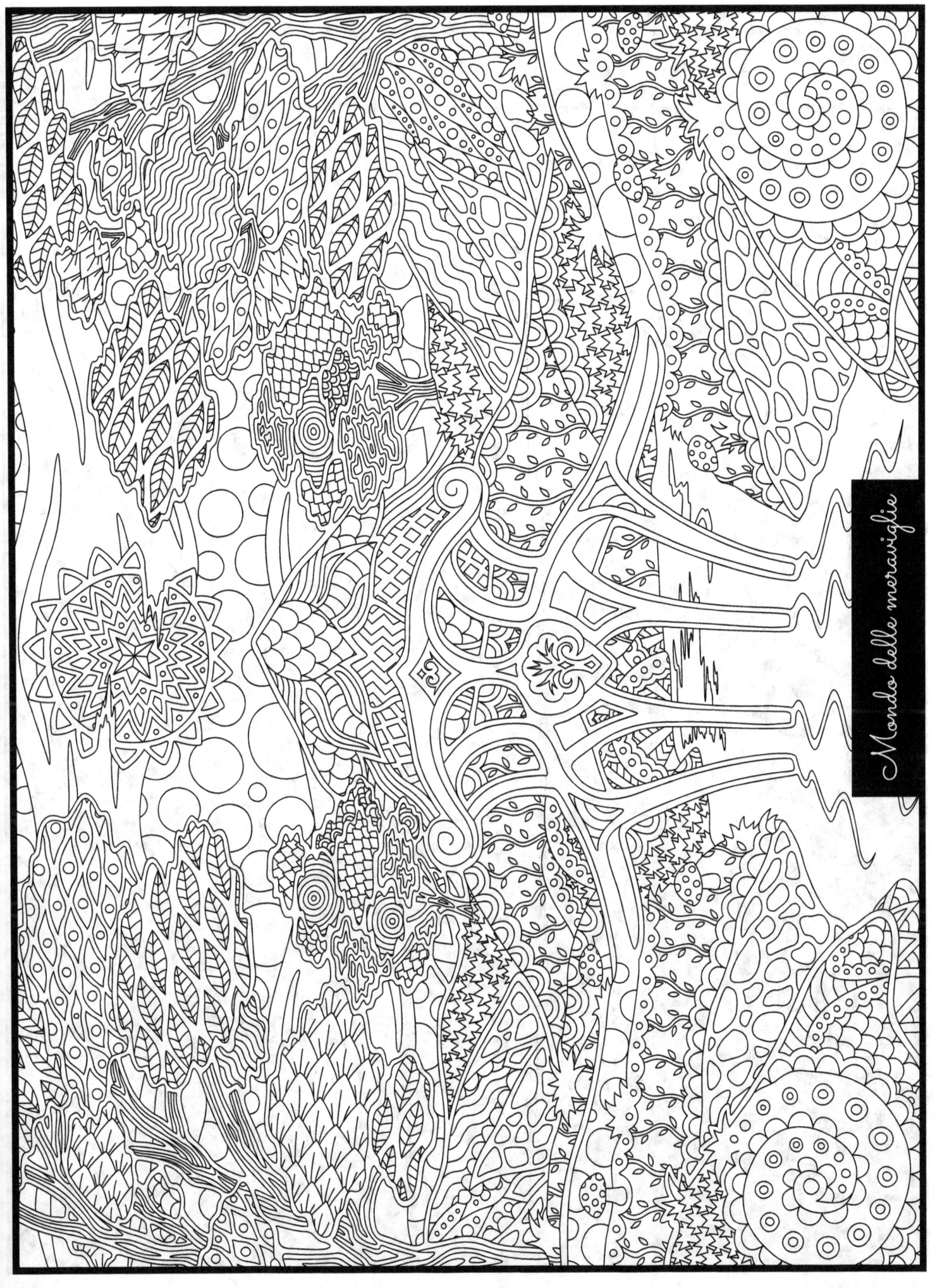
Mondo delle meraviglie

32

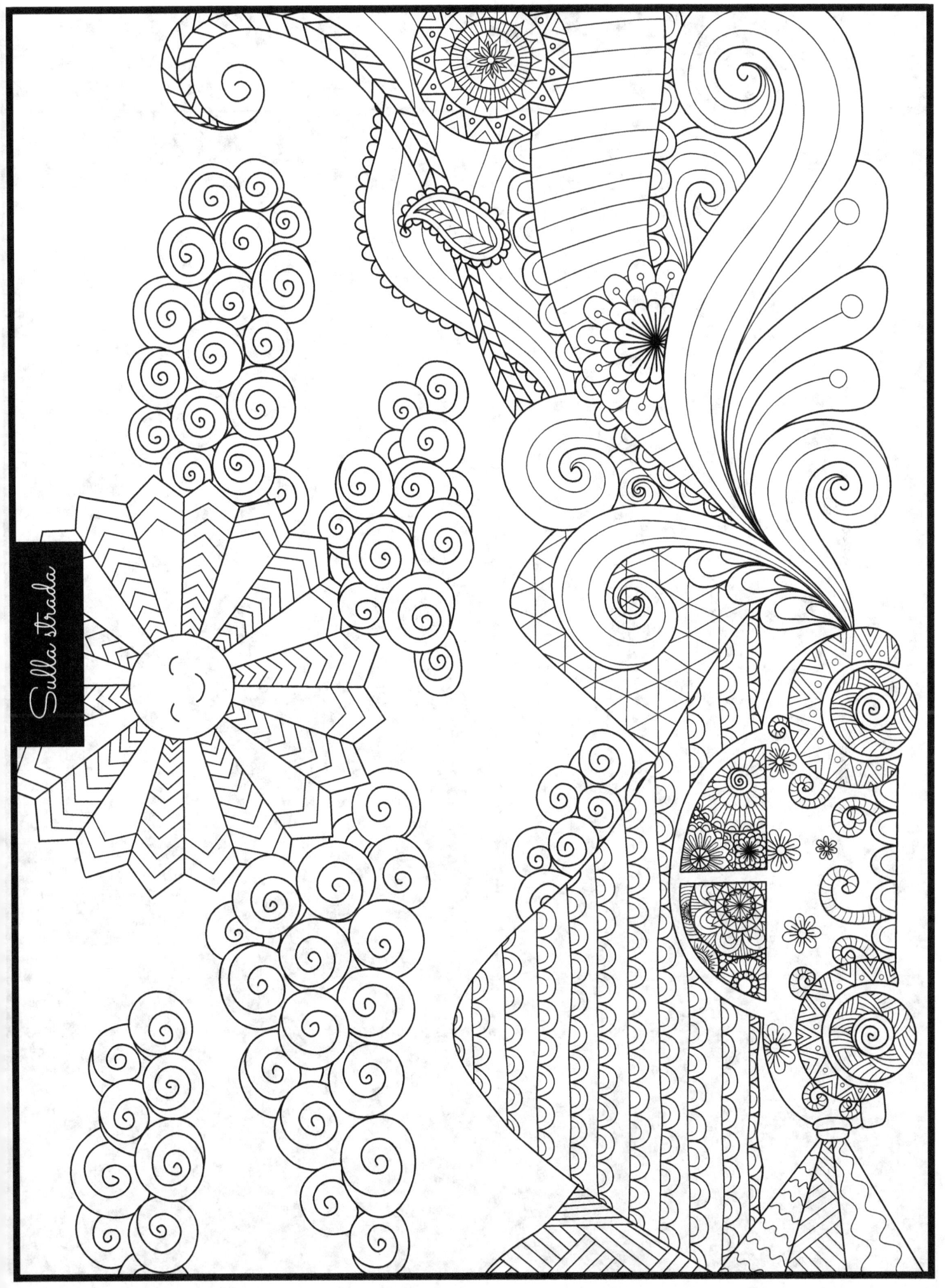

33

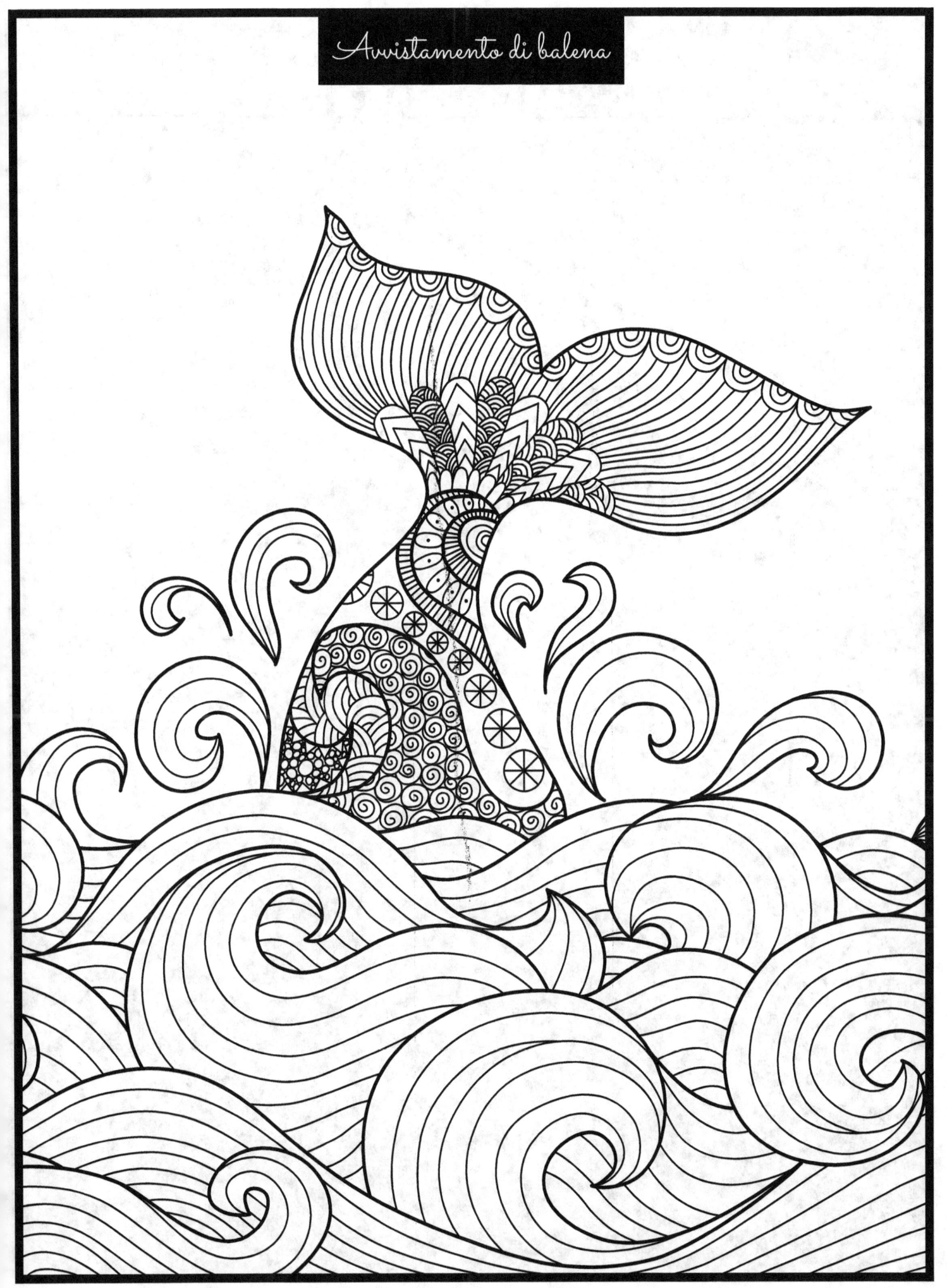
Avvistamento di balena

34

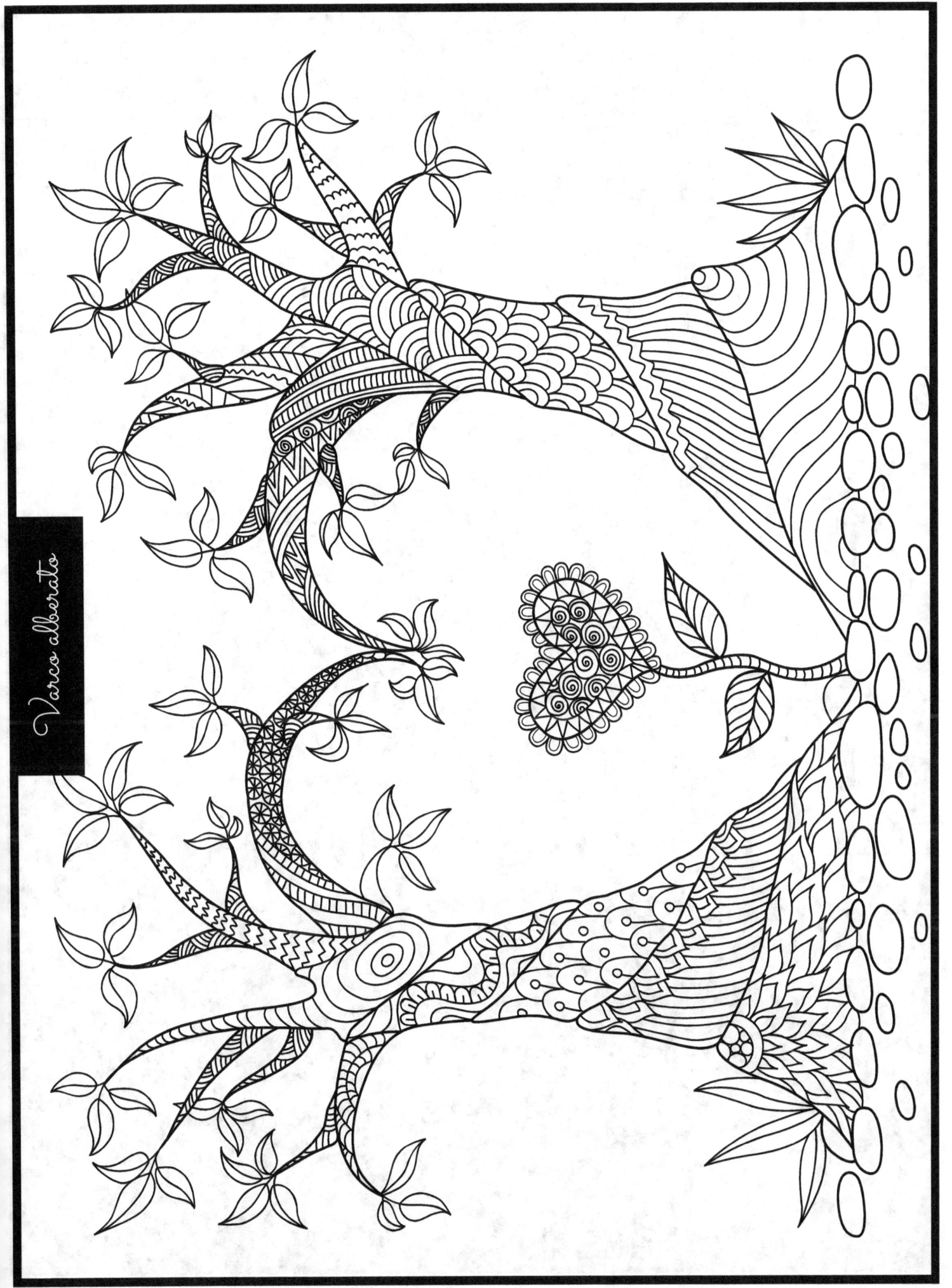
Varco alberato

35

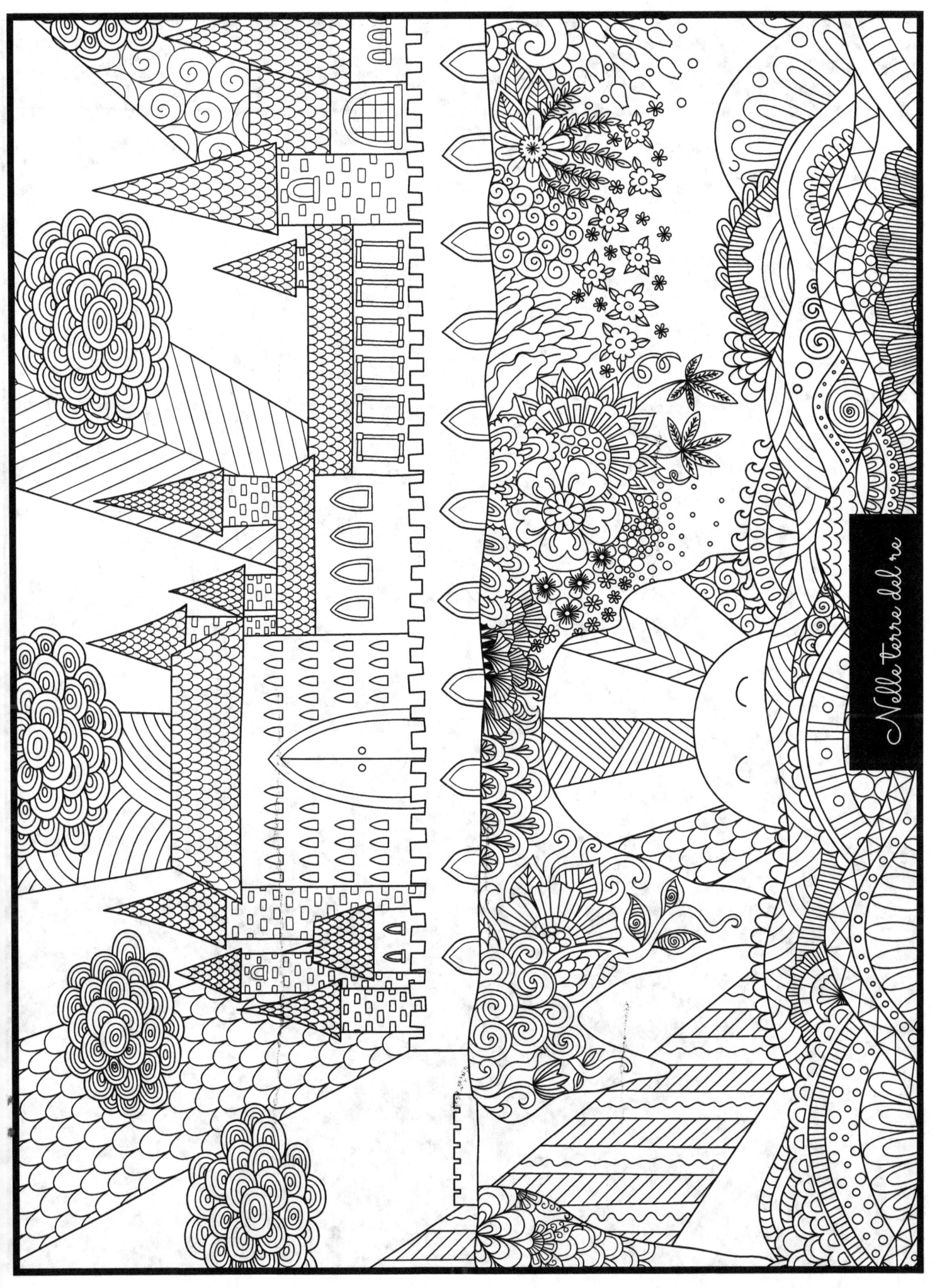

36

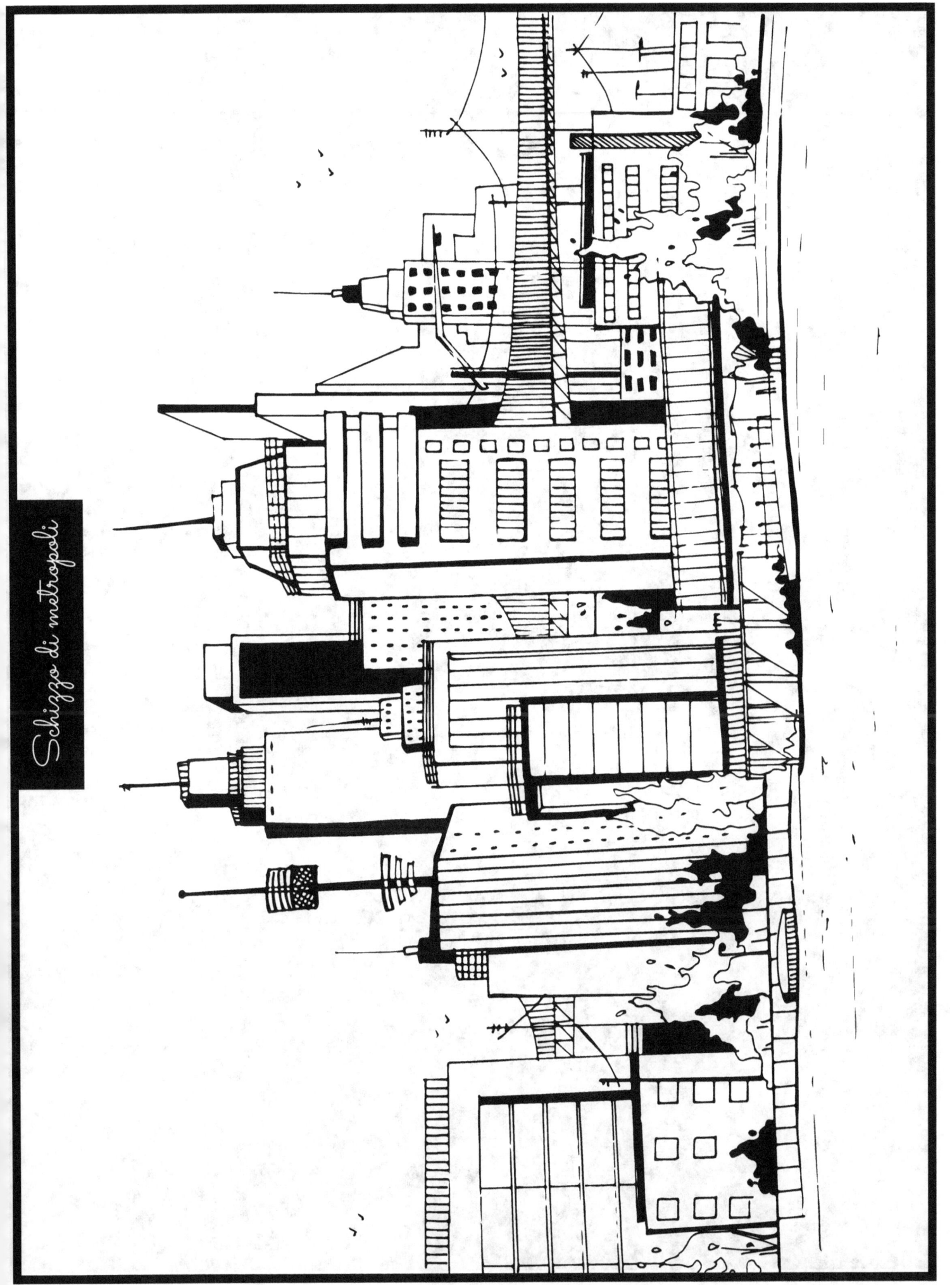

37

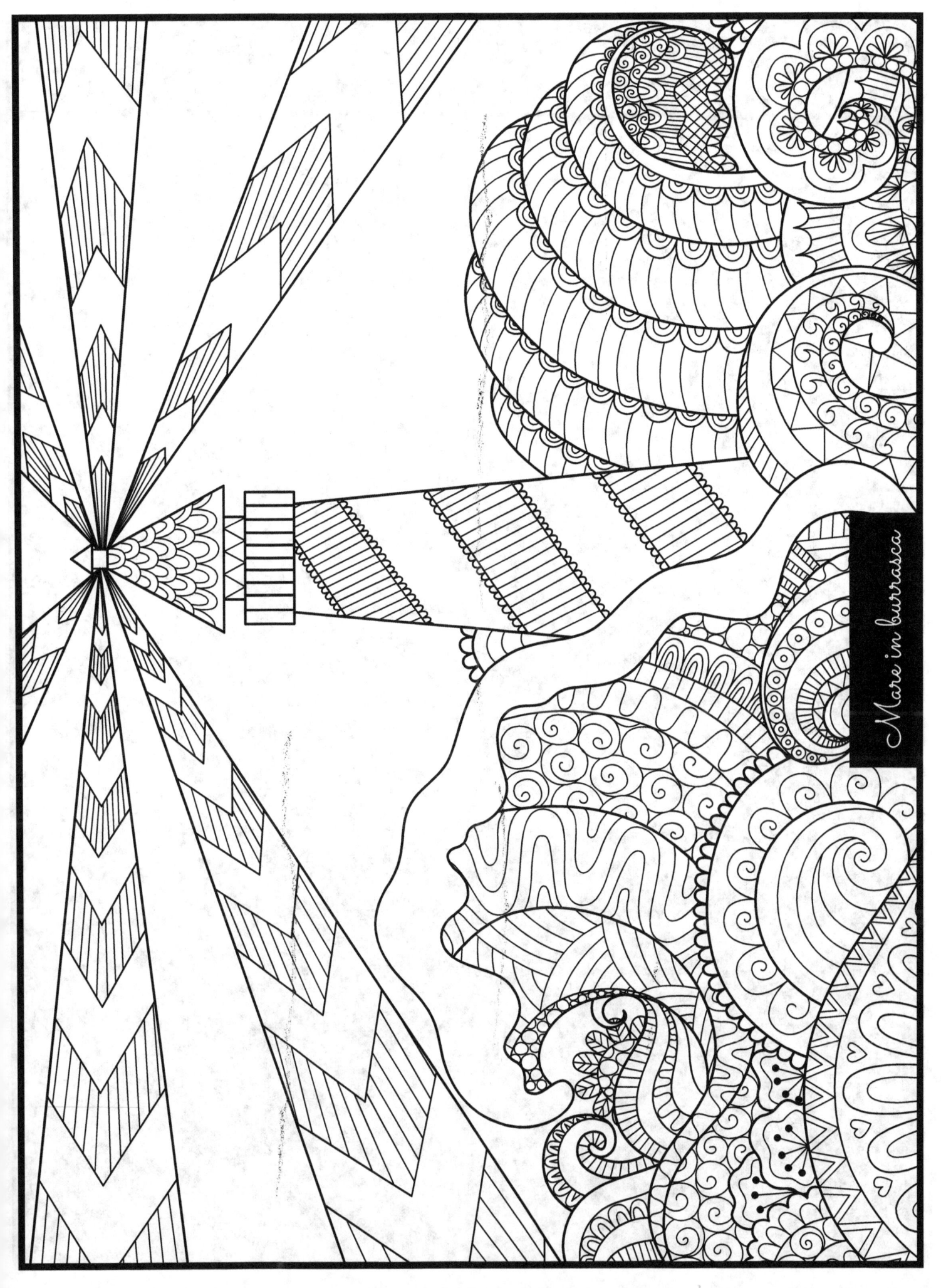

Mare in burrasca

38

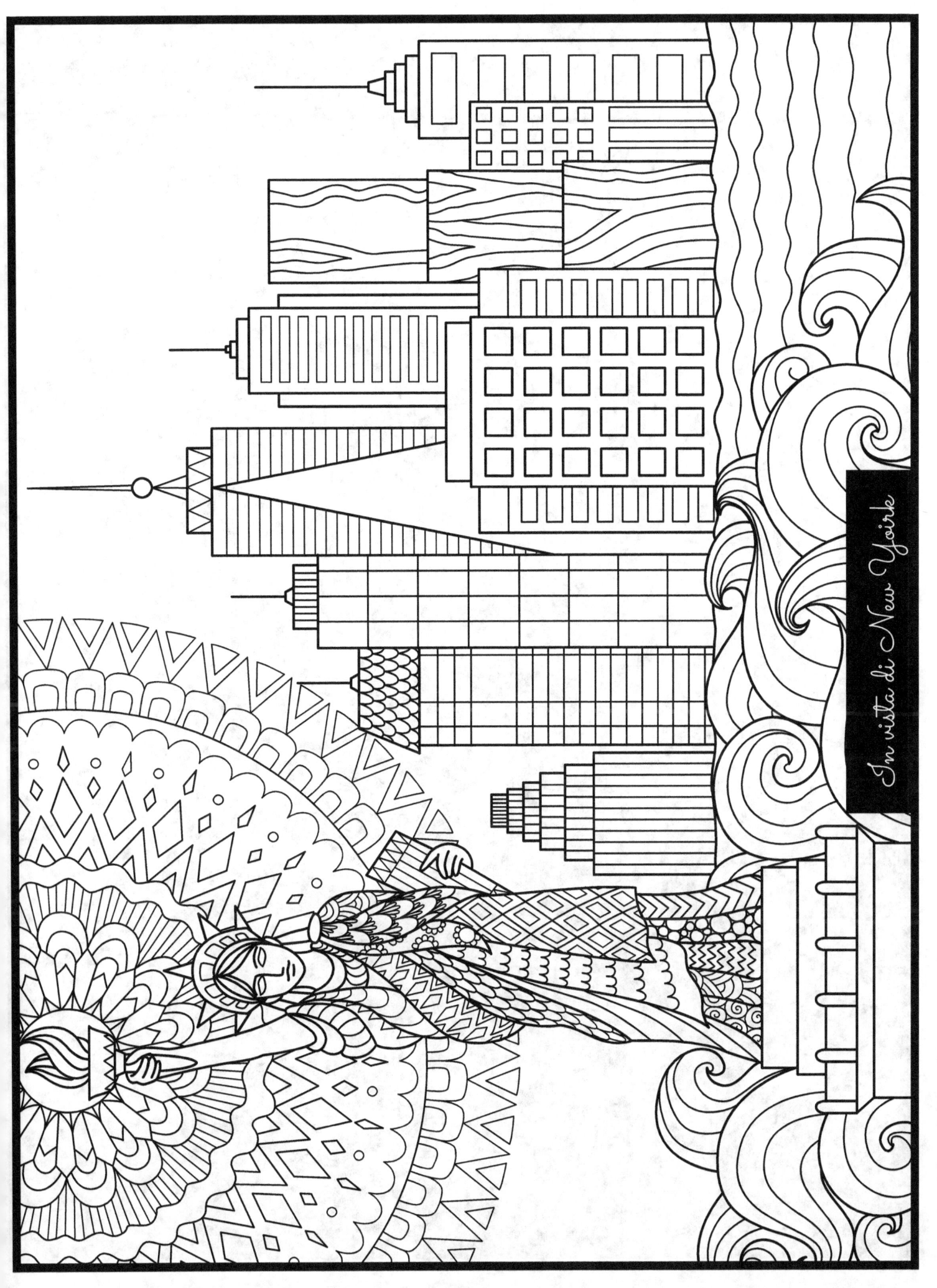

39

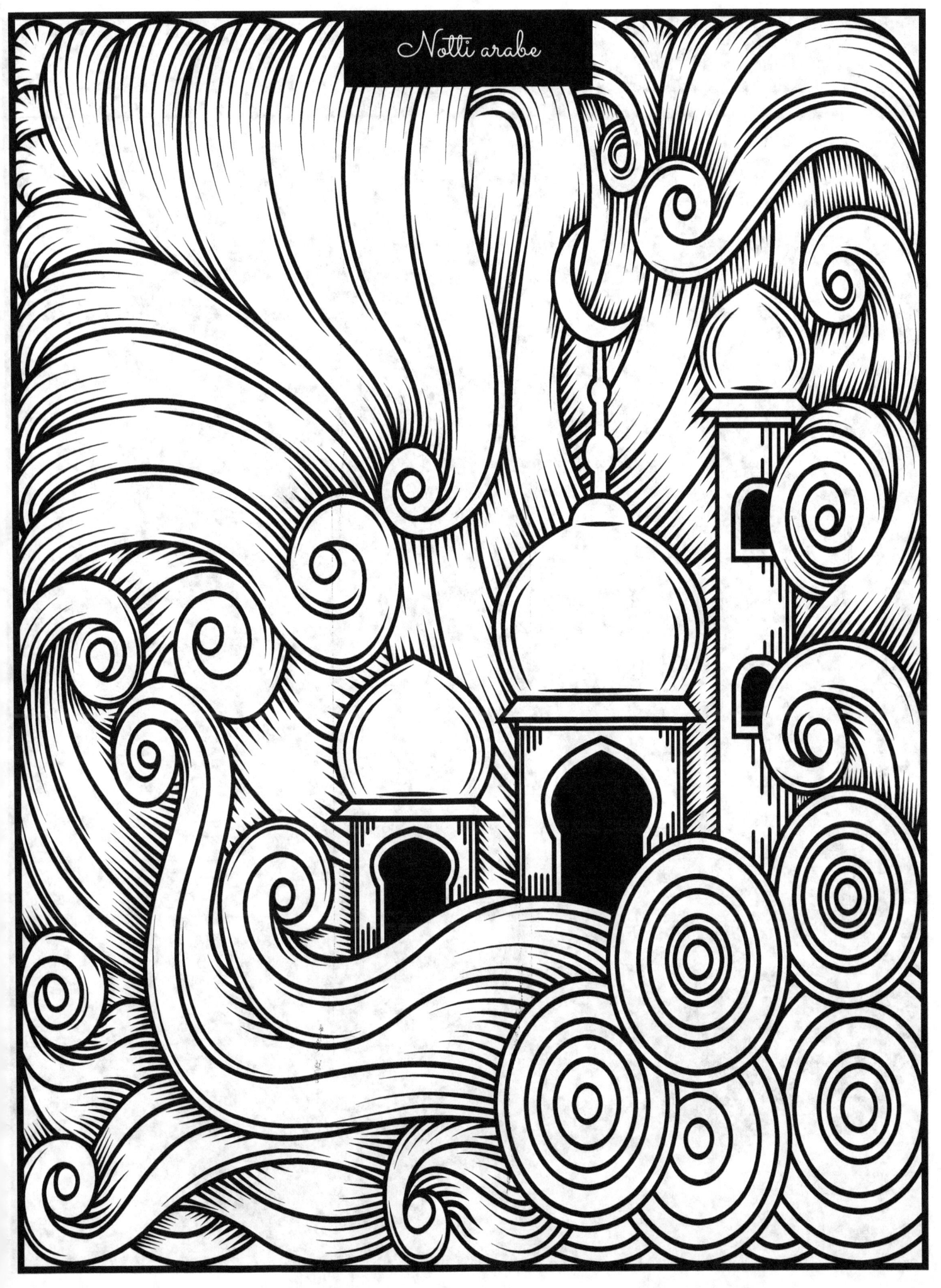

40

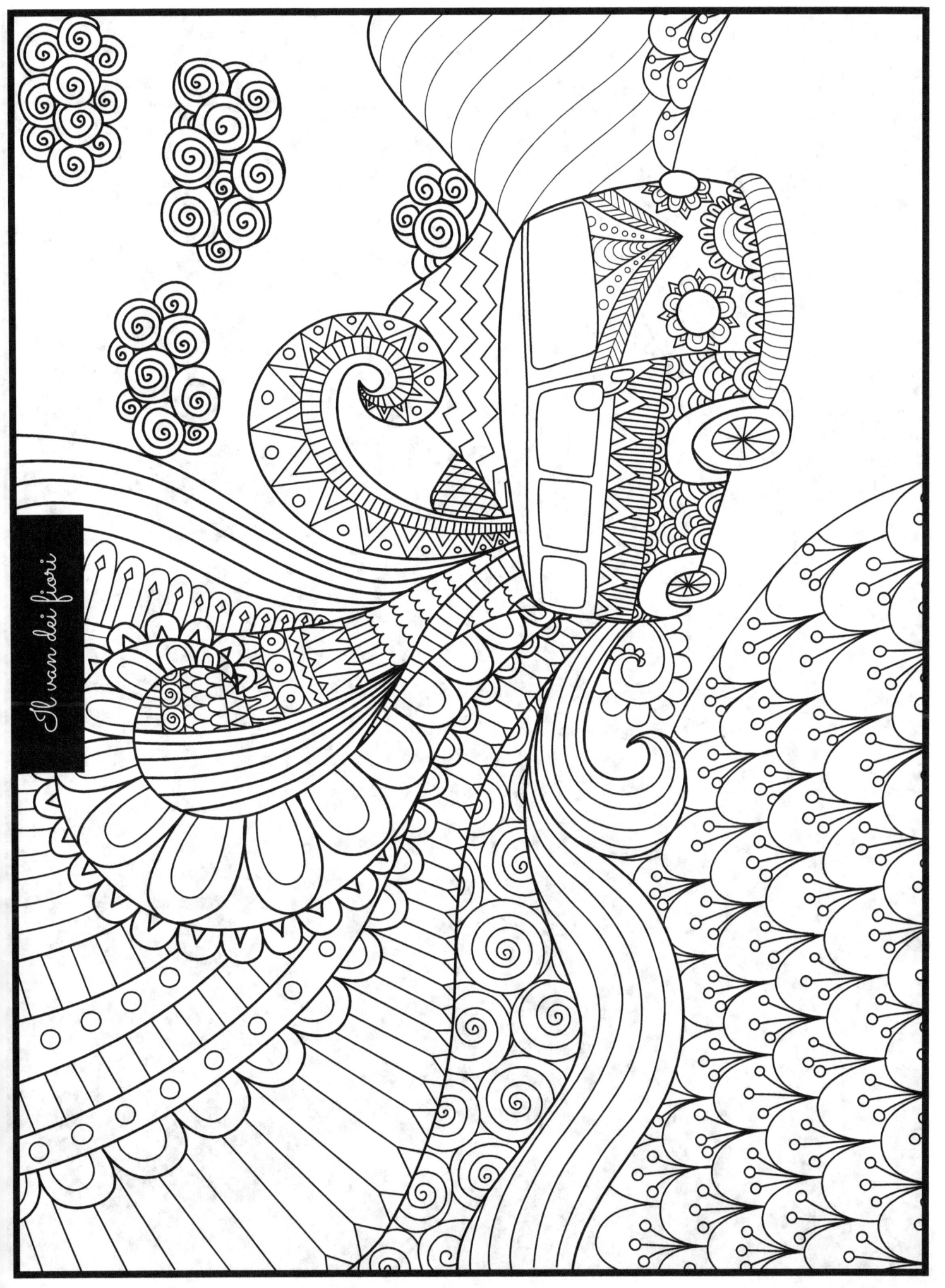

41

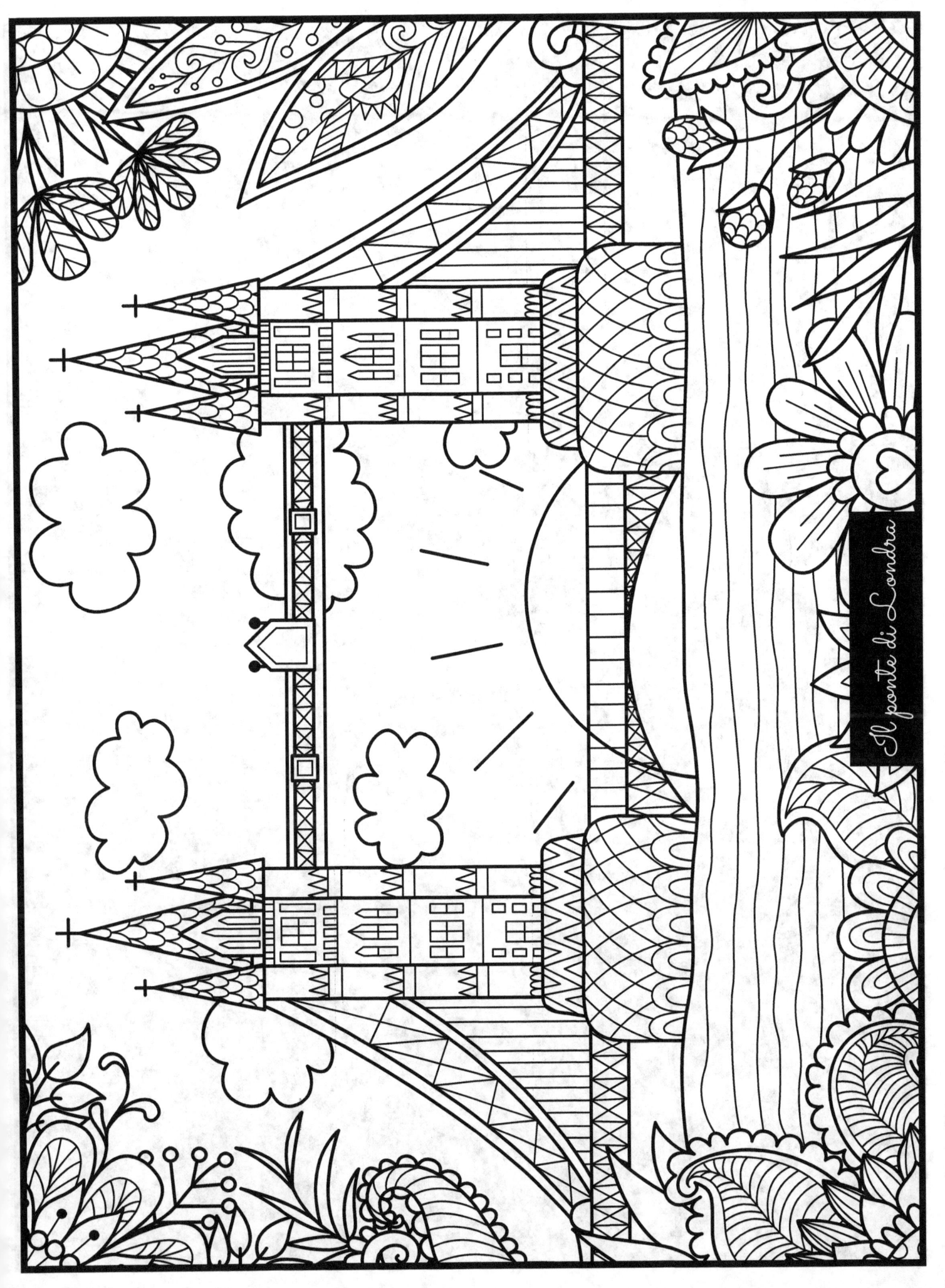

42

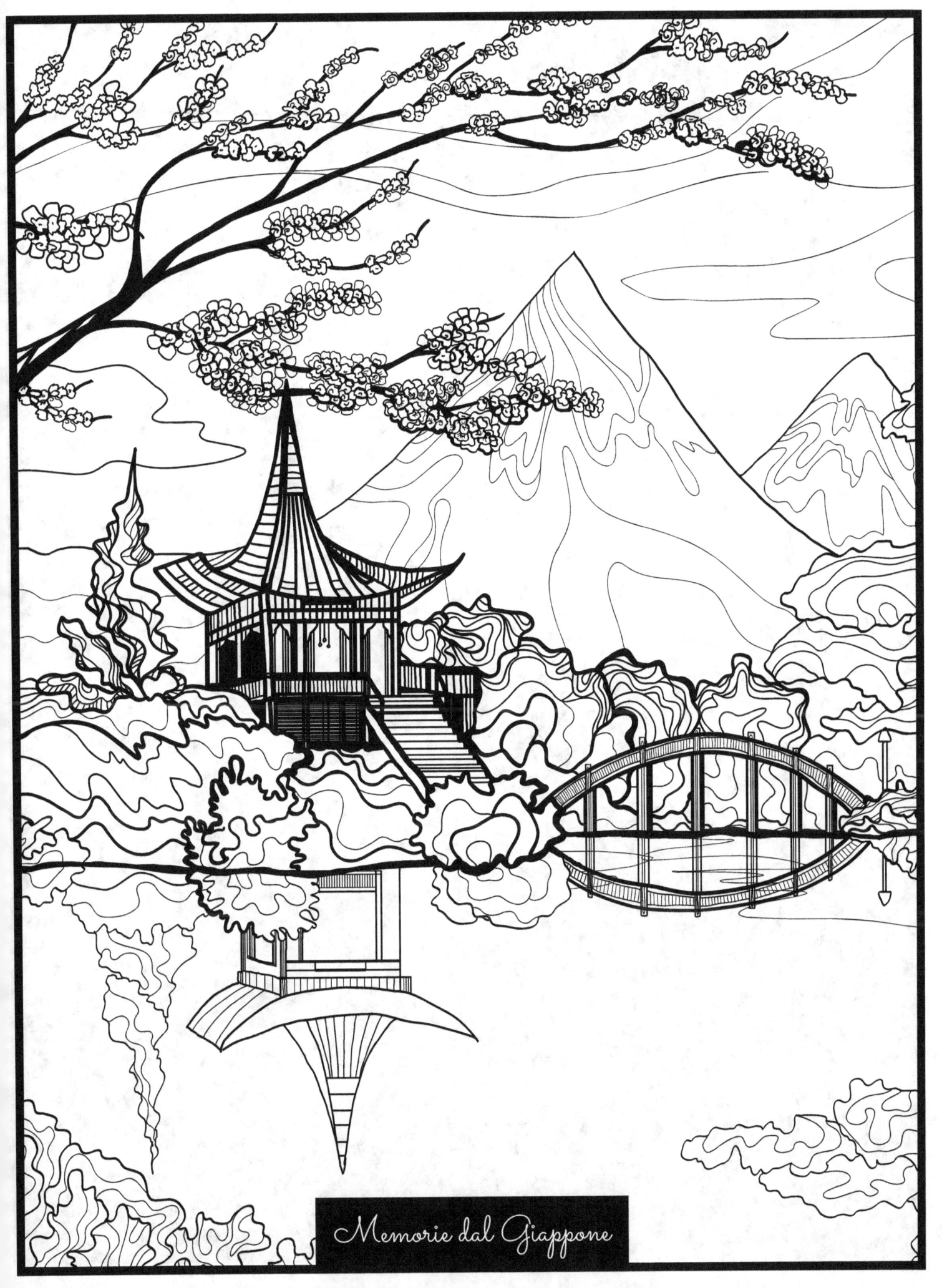

43

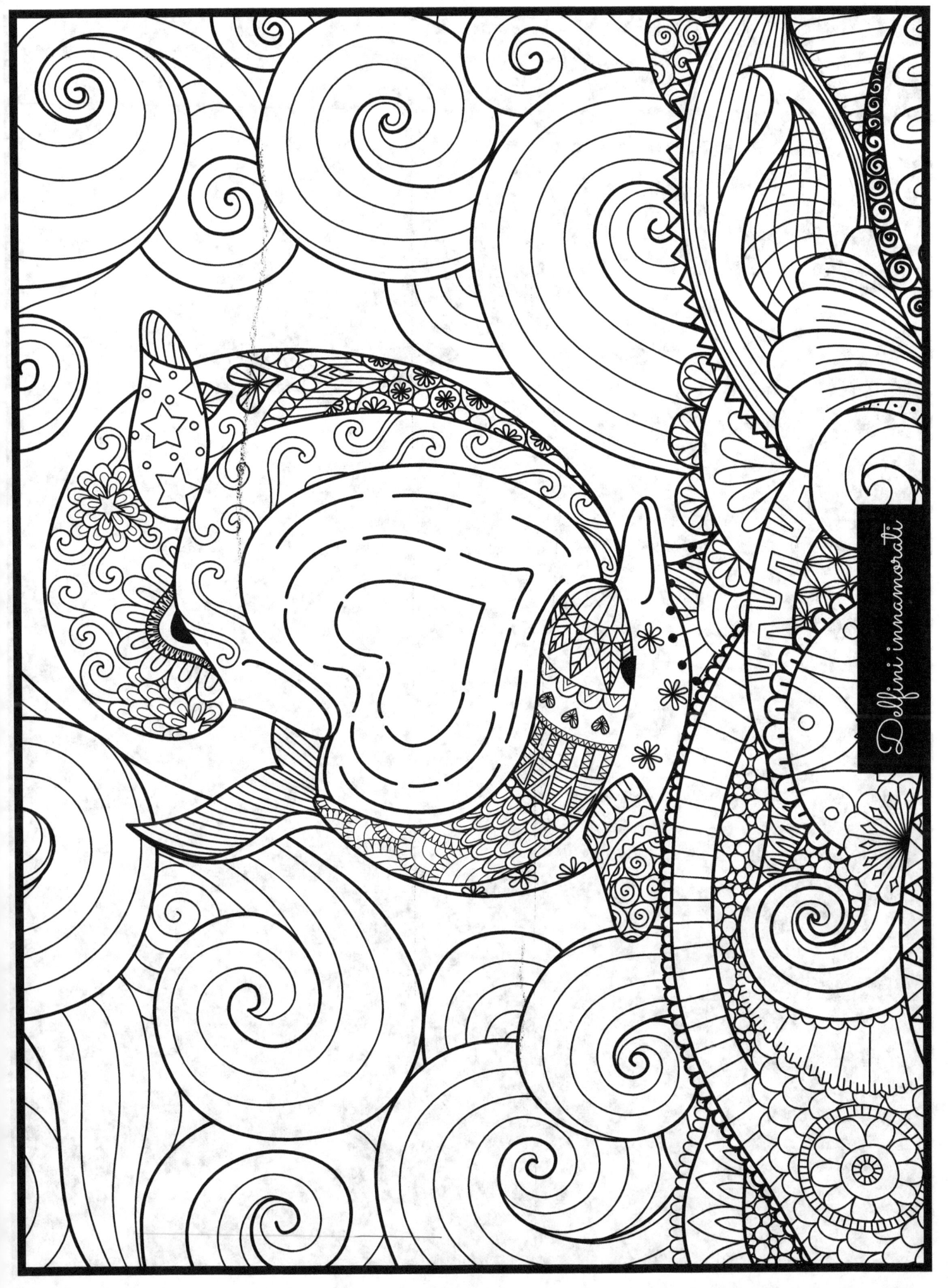

Delfini innamorati

44

L'albero della vita

45

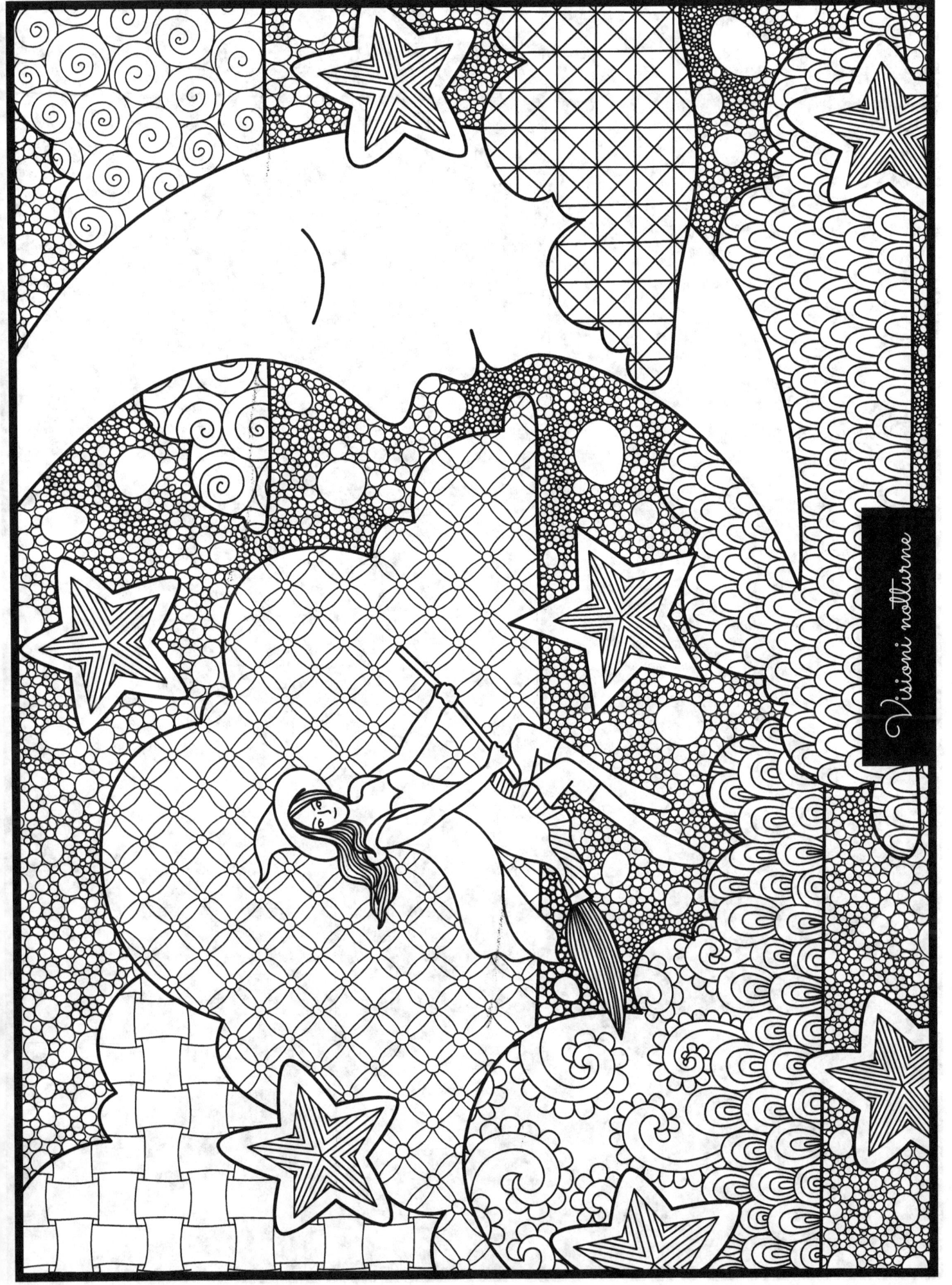
Visioni notturne

46

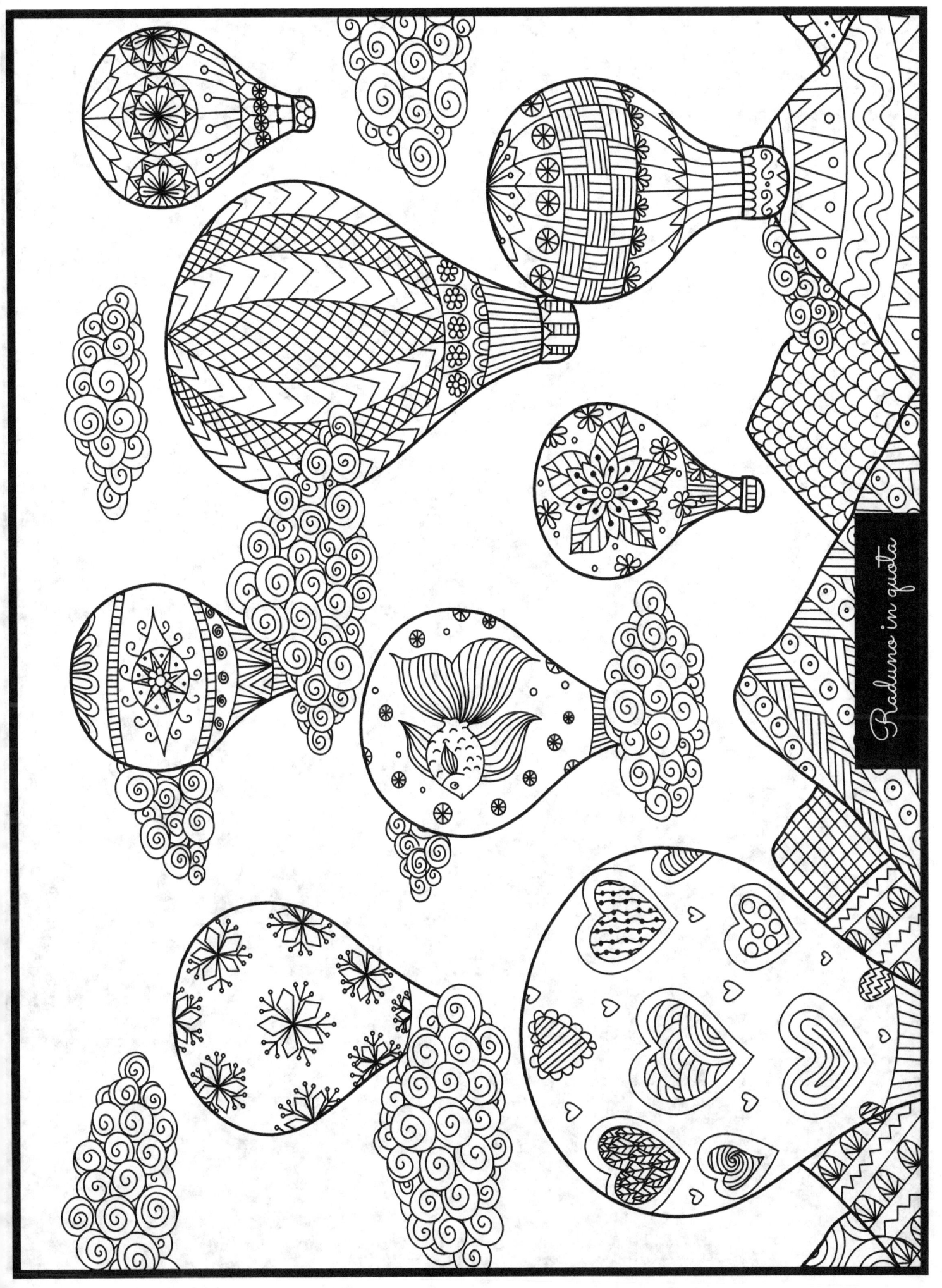
Raduno in quota

47

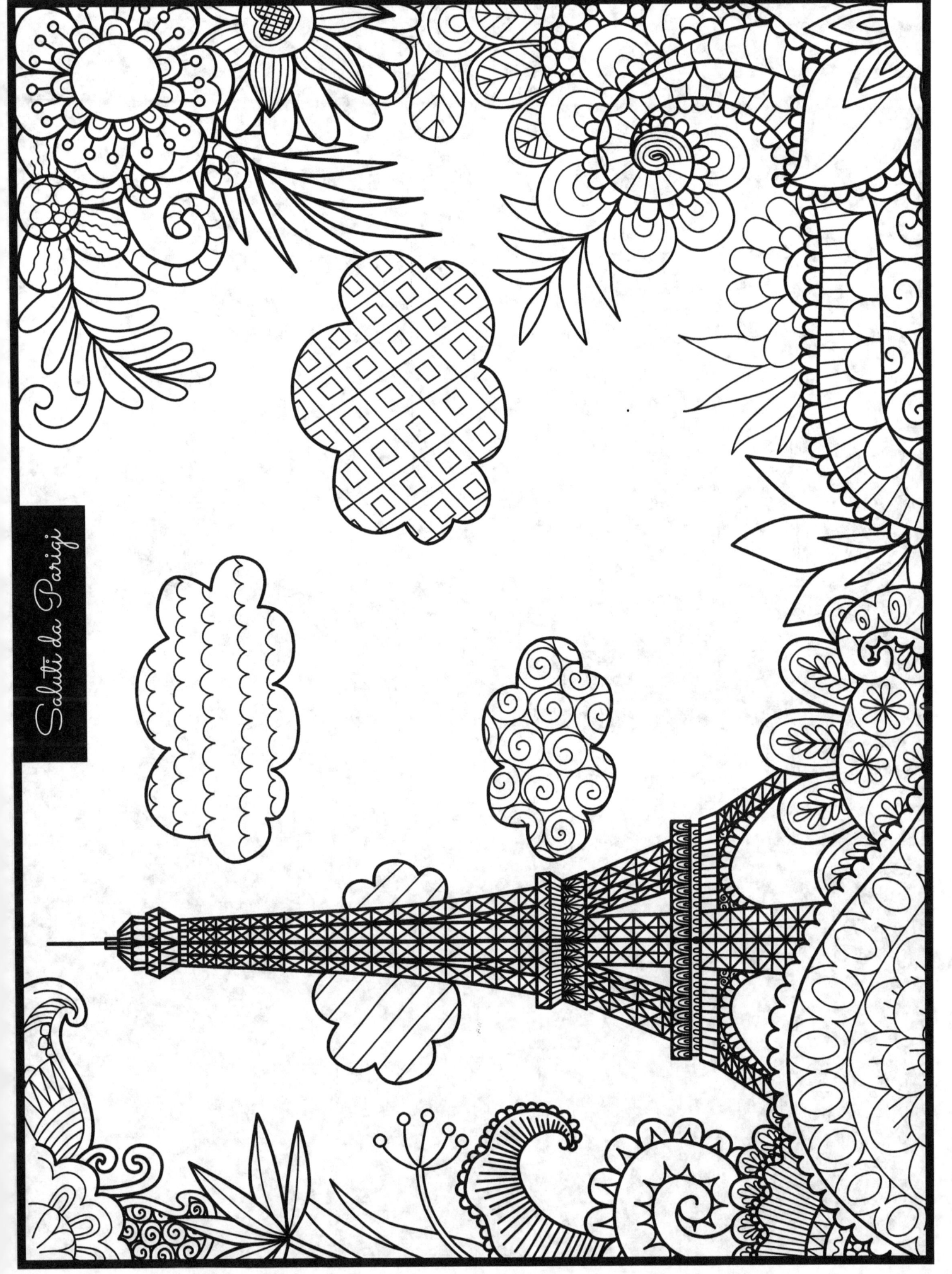

48

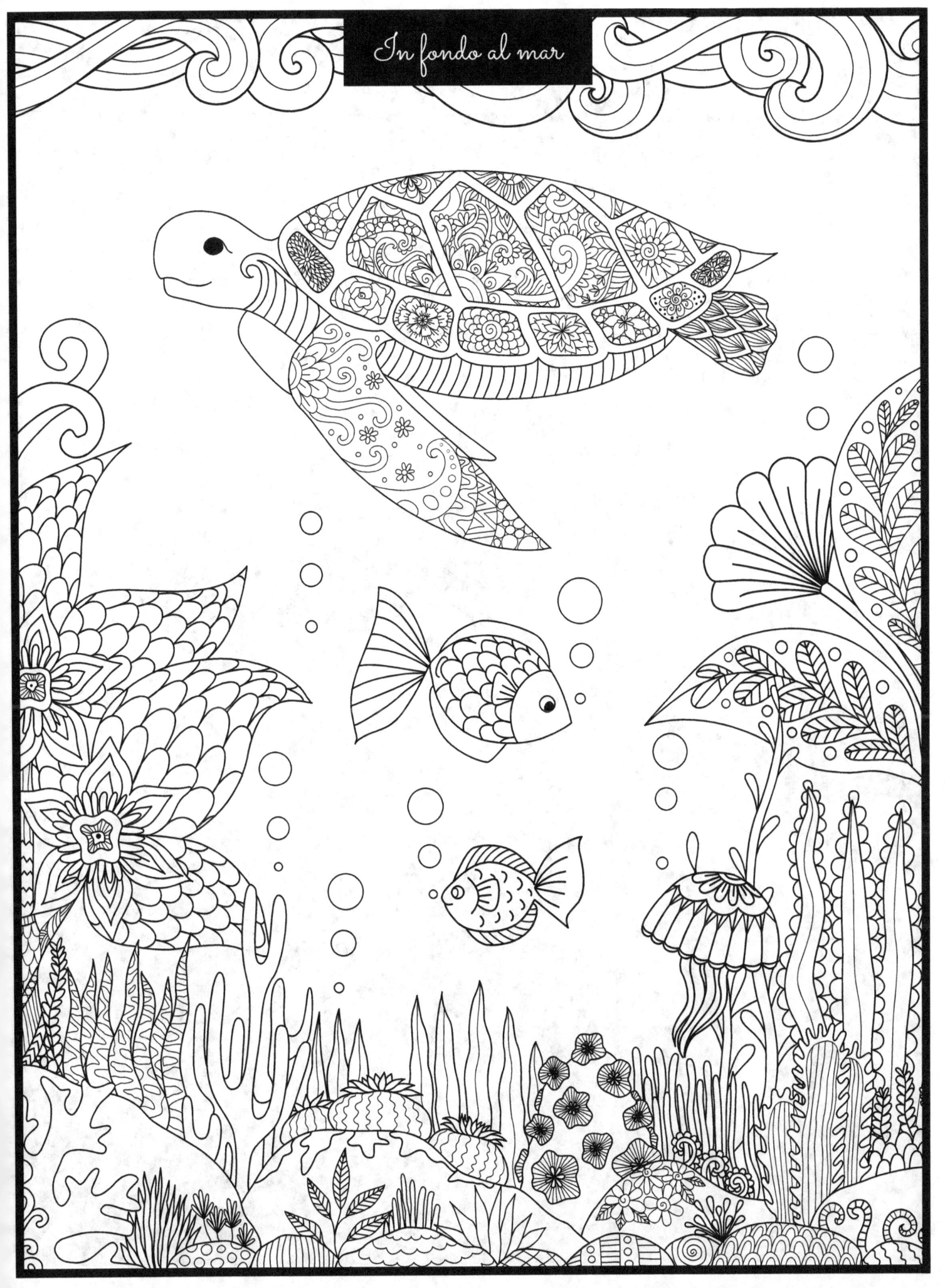

49

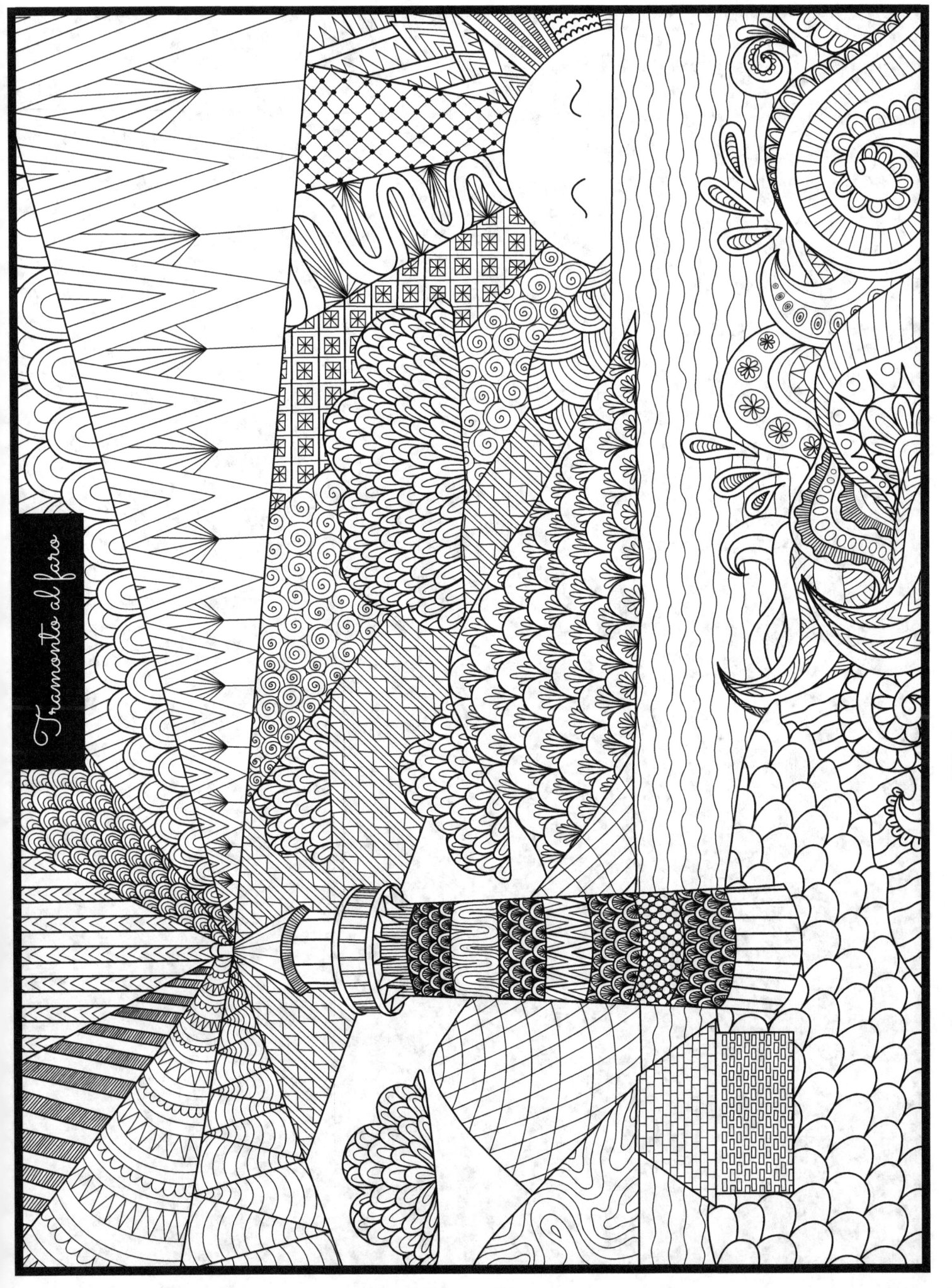

50

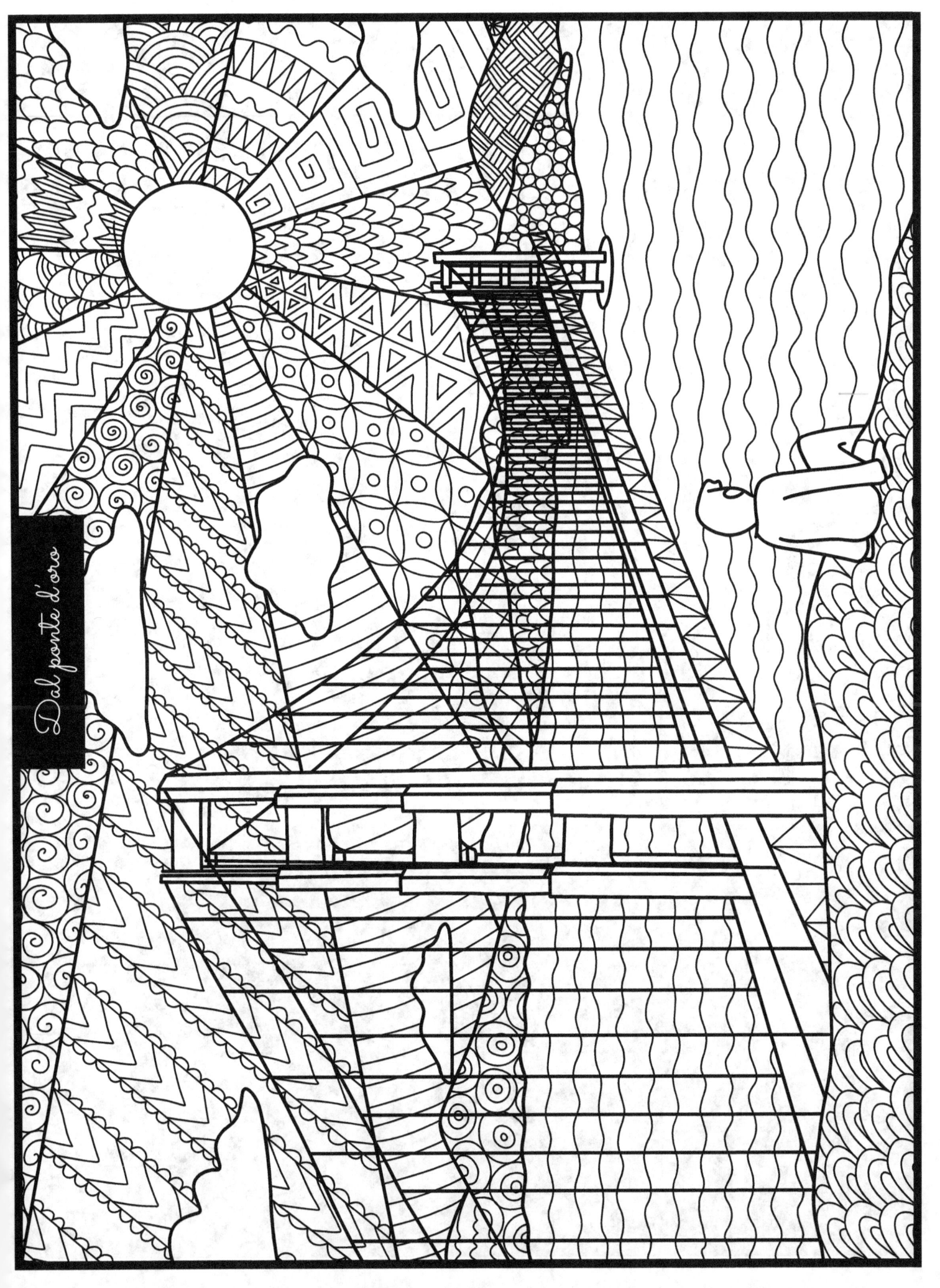

51

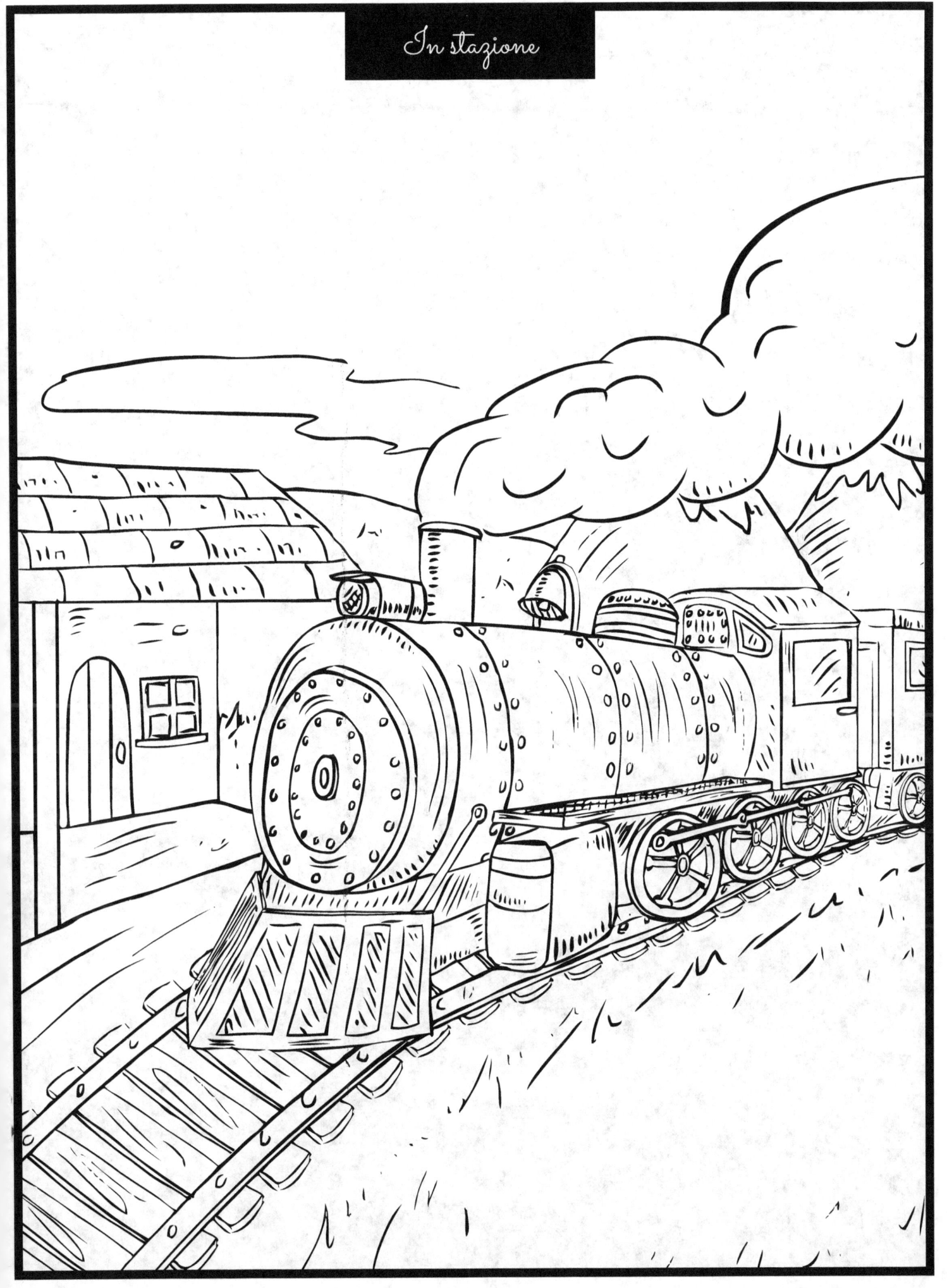

52

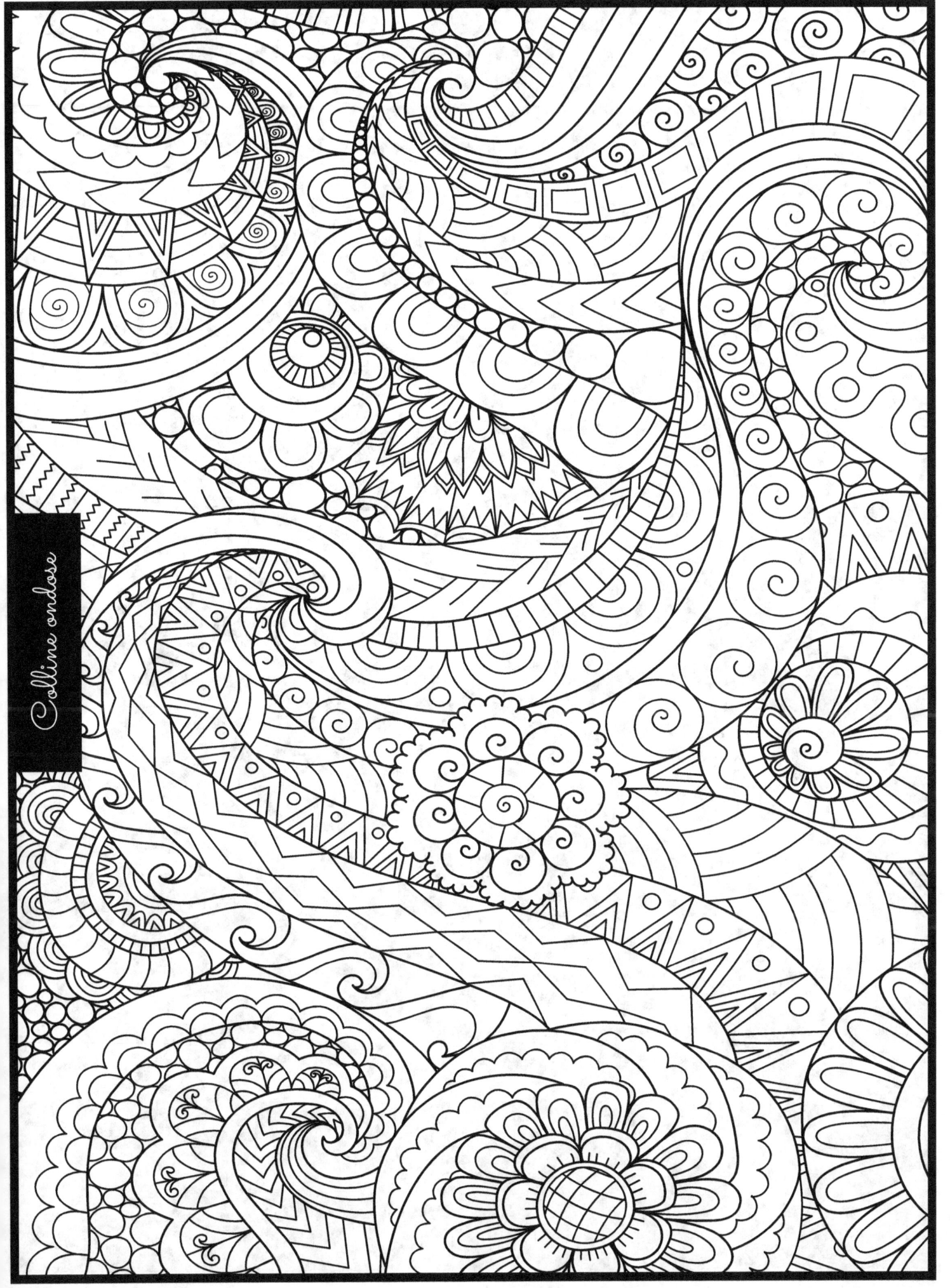

53

Ti è piaciuto il libro?

Ti sei rilassato? Divertito?
Hai creato dei veri capolavori?

**Scansiona questo codice QR
e condividi con noi la tua opinione.**

Includi anche foto delle tue creazioni nella tua recensione!

Artemisia Coloring Books

www.ingramcontent.com/pod-product-compliance
Lightning Source LLC
Chambersburg PA
CBHW080503220526
45465CB00006B/2365